PLANTANDO O AMOR

Plantando o Amor

pelo espírito Daniel

psicografado por Vanir Mattos Torres

Plantando o amor
pelo espírito *Daniel*
psicografia de *Vanir Mattos Torres*

Copyright @ 2006 by Lúmen Editorial Ltda.

2ª edição – dezembro de 2019

Direção editorial: *Celso Maiellari*
Preparação de originais: *Camila Kintzel*
Revisão: *Thelma Babaoka*
Diagramação: *Sheila Fahl / Casa de Ideias*
Capa e Projeto Gráfico: *Daniel Rampazzo / Casa de Ideias*
Impressão e acabamento: *Renovagraf*

Dados Internacionais de Catalogação na Publicação (CIP)
(Câmara Brasileira do Livro, SP, Brasil)

Daniel (Espírito).
Plantando o amor / pelo Espírito Daniel ; psicografia de Vanir Mattos Torres. — São Paulo : Lúmen, 2006.

1. Espiritismo 2. Psicografia 3. Romance espírita
I. Torres, Vanir Mattos. II. Título.

06-3467 CDD-133.93

Índice para catálogo sistemático:
1. Romances espíritas : Espiritismo 133.93

LÚMEN
EDITORIAL

Av. Porto Ferreira, 1031
Parque Iracema
Catanduva-SP – CEP 15809-020
17 3531.4444

visite nosso site: www.lumeneditorial.com.br
fale com a Lúmen: atendimento@lumeneditorial.com.br
departamento de vendas: comercial@lumeneditorial.com.br
contato editorial: editorial@lumeneditorial.com.br

2006
Proibida a reprodução total ou parcial desta
obra sem prévia autorização da editora

Impresso no Brasil – *Printed in Brazil*
2-12-19-200-5.300

SUMÁRIO

CAPÍTULO I	NA POEIRA DA ESTRADA	7
CAPÍTULO II	A CAIXA ESCONDIDA	11
CAPÍTULO III	UMA DOCE E MEIGA VOZ	17
CAPÍTULO IV	SUSTO E PERSEGUIÇÃO	23
CAPÍTULO V	QUASE UMA TRAGÉDIA!	29
CAPÍTULO VI	ATO INSANO	35
CAPÍTULO VII	DESEJO DE VINGANÇA	41
CAPÍTULO VIII	PLANO CRUEL	47
CAPÍTULO IX	MAIS PROBLEMAS	53
CAPÍTULO X	O DESAPARECIMENTO	59
CAPÍTULO XI	DIANTE DA FOGUEIRA	65
CAPÍTULO XII	ENCONTRO CARINHOSO	75
CAPÍTULO XIII	HARMONIA	81
CAPÍTULO XIV	NOVAS PERSPECTIVAS	87

CAPÍTULO XV	ACERTO DE CONTAS	93
CAPÍTULO XVI	TRABALHO E AMIZADE	99
CAPÍTULO XVII	MOMENTOS DE TENSÃO	107
CAPÍTULO XVIII	PEDIDO DE AJUDA	115
CAPÍTULO XIX	O ANDARILHO	125
CAPÍTULO XX	A FAMÍLIA AUMENTA	131
CAPÍTULO XXI	A VERDADE VEM À TONA	139
CAPÍTULO XXII	A PRISÃO DE ADOLFO	147
CAPÍTULO XXIII	UMA GRANDE INJUSTIÇA	153
CAPÍTULO XXIV	LUTA PELA LIBERDADE	161
CAPÍTULO XXV	ESCLARECENDO OS FATOS	167
CAPÍTULO XXVI	FIM DAS MALDADES	175
CAPÍTULO XXVII	A HISTÓRIA SE EXPLICA	181
CAPÍTULO XXVIII	FELICIDADE	191
PALAVRAS DO AUTOR ESPIRITUAL		203

CAPÍTULO

I

NA POEIRA DA ESTRADA

Corria o ano de 1792 em Portugal. Em meio ao trabalho na metrópole e aos problemas nas colônias, o príncipe João, futuro D. João VI, assumia o poder como regente no lugar de sua mãe, Maria I, afastada por uma doença mental.

E nas ruas daquela pequena cidade portuguesa, como que alheia ao movimento político de então, a população local vivia seu cotidiano à espera de mais um dia...

A noite chegara célere.

As passadas fortes espantavam até o gato, que buscava nos cantos restos de alimentos jogados por homens bêbados!

Aquele grupo, formado por indivíduos de vestimentas reluzentes, assustava até o pássaro negro, que à noite sobrevoava aquele lugar à procura de espaço para se aninhar!...

Iam com determinação, com a ordem de buscar quem ferira as leis do governante; mas este era somente um bom cristão!

Tinham certeza do lugar onde este homem estaria; por poucas moedas o esconderijo fora revelado, a fé cristã ficara de lado por um punhado de metal que aos céus nada valeria!

Pararam diante de uma porta onde funcionava uma taberna. Entraram aniquilando todos, indo direto a uma porta secreta atrás da qual ficavam armazenados os barris do líquido que se consumia naquele lugar aos borbotões.

O homem estava encurralado naquele lugar havia semanas...

Sabia que estavam à sua procura por um feito que não se arrependia de ter executado!

Pregara para uma multidão em praça pública, repetiu as palavras deixadas por um mártir que fora apedrejado até sucumbir!

Quando sentiu que sua vida corria perigo, colocou sua mulher e seus filhos em uma velha carroça, e fê-los prometer que seguiriam sempre adiante, sem olhar para trás. Se conseguisse sobreviver, em algumas semanas seguiria a trilha deixada por eles. Não queria ir junto, pois os poria em risco e amava os seus mais do que a própria vida. Leopoldo colocou as rédeas do cavalo magro nas mãos de seu filho de doze anos, orgulho de um pai que o soube criar sob as diretrizes de Deus.

Sua esposa chorava, não queria deixá-lo, pois sabia o fim que ele poderia ter.

Seus filhos mais esperançosos lhe acenavam, confiantes de que logo, logo lhes alcançaria e a família de novo estaria reunida; mas não foi o que aconteceu...

Fora delatado, preso, surrado e posto em um calabouço até minguarem suas forças!

Todos os dias lhe ofereciam um lauto banquete; em troca; deveria renegar a quem dizia servir.

O homem negava em silêncio, sem forças até para levantar as pálpebras... Orava todo o tempo, e pedia pela família que, com certeza, nunca mais veria.

Os anos passaram...

Um forte rapagão chegava em um casebre, onde era saudado carinhosamente pela mãe e irmã. Trazia como sempre um pacote debaixo do braço, alimento para a família, que vivia na esperança da volta do pai.

Tiveram muita dificuldade para chegar onde estavam. Passaram fome, frio e se abrigaram sob as árvores durante fortes temporais, que até a terra sacudiam! Mas, como prometeram para aquele zeloso chefe de família, seguiam sempre em frente,apesar dos percalços, sem saber ao certo onde aquela longa caminhada os levaria.

Depois de longos dias de sacrifício, chegaram a um lugar bem povoado, onde de certo passariam despercebidos.

Ali havia muitos nobres, que, com certeza, sempre precisariam de serviçais; e foi assim que aquele menino se tornou guardião de uma pequena família e pôde sustentá-la. Como o pai, amava a natureza! Das flores, ele admirava a perfeição e, desde pequeno, aprendera como lidar com elas.

Trabalhara com seu pai, que era um conhecido jardineiro. Aprendera o ofício e, mais do que isso, o fazia admiravelmente.

Era elogiado por todos. Sua fama corria de boca em boca, aumentando o serviço e suprindo melhor as necessidades da família, até poder alojá-los em um pequeno casebre; antes, o fundo da velha carroça lhes dava o teto.

Aos poucos, foi conquistando seu espaço e já era conhecido e respeitado por todos. Pouco falava. Lembrava de seu pai, que pelas palavras proferidas se perdera da família...

CAPÍTULO

II

A CAIXA ESCONDIDA

Na mesa, sempre havia um lugar reservado para aquele que poderia de um momento para o outro surgir e acabar todo o sofrimento por que passavam.

A mãe conseguiu um posto como lavadeira e carregava sua menina, não querendo deixá-la entregue a novos perigos. Iam vivendo... Nas orações, quando o nome do pai era lembrado, as lágrimas corriam silenciosas pelos rostos marcados pela saudade sentida.

Adolfo cresceu na esperança de ter o pai de volta. Sua irmã, aos poucos integrada àquele lugar, parecia que não sofria mais. A mãe, que desde a partida sabia que não mais veria o esposo, cuidava dos filhos com esmero, tentando alertá-los para os perigos da vida. Sofria calada, chorava escondida... Não podia levar mais sofrimentos aos seus meninos.

Às vezes, quando a tarde já se despedia, ficava a olhar os caminhos, esperando surgir uma figura conhecida. Cansada pelo dia exaustivo, recolhia-se na esperança de um novo dia.

E assim o tempo foi passando, conseguindo sobreviver. Agora também fazia costuras, com o que ajudava no orçamento da família, até os possibilitando uma moradia melhor. Do esposo não teve notícias...

Procurá-lo, era impossível!

Os dias transcorriam sem grandes novidades, até que Adolfo começou a trabalhar para uma família que era muito conceituada naquela localidade. A princípio, tudo corria normalmente, mas, aos poucos, começou a se sentir observado, sem, no entanto, saber por quem — não se atrevia e nem tinha interesse de saber quem era.

Certa manhã, fazendo seu serviço de drenar a terra, bateu em algo que não era uma pedra. O barulho metálico o surpreendeu. Tratou de verificar o achado e espantou-se com a caixa em perfeito estado. Logo limpando-a com as mãos, viu um brilho reluzir. Não estava ali enterrada há muito tempo. Sentiu-se de novo observado e, receoso, doeu-se com isso. Não era um ladrão para que ficassem a espiá-lo!

Dirigiu-se para o lado da casa, onde era permitida a entrada de serviçais. Disse ao encarregado da cozinha que queria falar ao senhor da casa, pois tinha algo a lhe entregar.

— O que pode querer entregar de tanta importância, que não me põe nas mãos? — Falou o homem entre arrogante e desconfiado, olhando para as mãos do rapaz que tentavam esconder algo que reluzia.

— Meu bom homem, só estou pedindo que me anuncie, no mais... Logo saberá e saciará sua curiosidade.

— Atrevido! Chama-me de bom homem e logo depois me dá o epíteto de enxerido!

— Perdoa-me se fui mal entendido...

— Está bem! Há pouco pensava que você era mudo, e logo chega cheio de trololó! Quero ver como se sai na frente de seu empregador!

— Agradeço desde já sua bondade — disse o rapaz, querendo parecer respeitoso e amolecer o coração daquele austero homem. Sempre lembrava que seu pai fora condenado por palavras mal proferidas.

Esperou que lhe anunciassem e logo estava adentrando a sala com as mãos estendidas, já mostrando o que trazia, mas seus olhos pregados no chão não ousavam mais do que isso.

O ambiente era rústico, mas bem ornamentado. Havia diversas tapeçarias espalhadas pelo chão, e era isso o que o rapaz ficou a admirar, esquecendo por que tinha ido até ali.

— O que está esperando? Não tinha algo a me mostrar? — Aquela voz tão forte o assustou, e ele quase deixou cair o precioso achado.

— Senhor, achei esta caixinha enterrada em seu jardim; não parece ter entrado água nela, pois está bem vedada.

— Não tentou abrir?

— Não, senhor. Ela não me pertence...

— Deixe-me ver!

O rapaz aproximou-se com certo temor, pois não estava sendo tratado de modo muito agradável.

O homem pegou-a, não antes de pegar um pano para não sujar as mãos, e ficou a examiná-la vagarosamente.

— Reconheço-a... É da minha filha. Grave! Muito grave! Alguém com certeza a furtou e enterrou-a para levar mais tarde... Não acha?

— Não sei, não, senhor.

— Não divisou ninguém suspeito antes de começar seu trabalho?

— Não, senhor!

— Acha que a caixa já estava enterrada há muito tempo?

— Não sei, senhor.

— Ora, só sabe dizer que nada sabe!

PLANTANDO O AMOR

O rapaz emudeceu, seu coração disparou. Antes tivesse deixado a caixinha onde a havia achado.

O homem estava irritadíssimo. Chamou os empregados e enfileirou-os, observando um por um.

— Uma jóia que pertence à minha filha saiu desta casa, e não foi pelas mãos dela. Furto! Tenho um ladrão dentro dessa casa e ele deve se acusar, pois se isso não acontecer, todos serão incriminados.

Com as cabeças abaixadas, esperavam que alguém se pronunciasse, mas nada acontecia.

— Bem, estou vendo que não fui muito convincente... Chamarei a guarda e todos serão recolhidos. O castigo será aplicado a todos!

O rapaz tremia, o que foi percebido pelo homem.

— Não me refiro a você! Seria tolo demais furtar e depois vir colocar o produto do furto em minhas mãos! Pode se retirar.

Os empregados fizeram movimento de saída, mas foram logo detidos.

— Só ele! Não entenderam ou estão se fazendo de desentendidos?

— Pai, deixe-os. Não há culpados, pois não houve furto... Escutei o que falavas e vi que era por algo que me pertence. Descuidada que fui, deixei-a sobre a terra. Como o chão estava encharcado, deve ter engolido minha caixinha...

A mocinha falava tentando convencer aquele homem rude, temerosa de ele abrir a caixa antes de entregá-la.

Adolfo, que antes de sair da sala escutara aquela doce voz, ficou impressionado pela beleza da moça, que antes só vira em sua mãe e sua doce irmã.

Logo tratou de continuar seus passos, pois uma ordem o empurrou.

— O que faz aí parado? Não escutou a ordem de retirarada?

O cozinheiro, com um grande cutelo na mão, parecia pronto para sacrificar alguém.

Adolfo tratou de sair e continuou seus afazeres como se nada tivesse acontecido.

CAPÍTULO

III

UMA DOCE E MEIGA VOZ

Enquanto isso, no salão principal, o senhor continuava a gritar:

— O que estão fazendo aí parados? O serviço os espera, seus molengas!

— Paizinho, não trate os empregados tão severamente!

— Por que você os defende? São pessoas que não merecem seu olhar! Subalternos, que deveriam ser mais agradecidos por nós os termos acolhido sob o mesmo teto e sobre o chão que pisamos!

A mocinha abaixou os olhos, envergonhada pelas palavras proferidas pelo pai.

— Devolva-me, por favor, meu precioso relicário...

— Então há nada dentro dele?

— Pode abrir, se assim quiser... — Ela falou tentando parecer sincera, mas temia que ele o fizesse.

Ele ficou admirando o objeto, e só exclamou antes de entregá-lo a ela:

— É mais bela do que supunha! Eu a adquiri há tanto tempo... pouco me lembrava como era preciosa!

A moça, com as mãos estendidas, esperava que ele fosse breve nas observações e lhe devolvesse de imediato, mas ele não parecia ter pressa. Mexeu no delicado fecho — e o coração dela disparou!

— Deve ter cuidado. É uma jóia rara que me custou uns bons sacos de moedas!

— Agradeço-lhe, meu pai, e terei mais zêlo ao guardá-la.

— Está bem! Leve-a e mande que limpem antes de guardá-la em lugar seguro. Agora que os empregados viram sua beleza, devem saber do seu alto valor. Não confie em nenhum! São uns plebeus avarentos, capazes de vender seus próprios filhos, se acharem quem lhes dê algo de valor por eles!

Ela não era da mesma opinião do pai. Achava que todos deveriam ser tratados como iguais, como dizia aquele ancião que pregava na praça. Quando parou para escutá-lo melhor, foi puxada energicamente por sua mãe.

Subindo a escada que a levaria de novo aos seus aposentos, e sabendo-se longe da vista do pai, abriu a preciosa caixinha e retirou um anel envolvido num pequeno bilhete. Se seu pai tivesse posto os olhos no escrito estaria perdida!

Desde que aquele forte rapaz fora trabalhar em sua casa, ficara impressionada com sua beleza e jeito de ser. Tratava as flores com uma delicadeza nunca antes vista por ela. Os outros jardineiros estraçalhavam as flores até ao colhê-las. Vinha observando-o desde que chegara. Seus movimentos ao fazer seu trabalho: era calmo, compenetrado e parecia que conversava com as flores. Não cansava de observá-lo pelas frestas da janela de seu quarto.

Até sonhara — vendo-o achar sua caixinha e vindo falar-lhe para entregar o precioso achado. Ela havia colocado no papel que esperava ele que lhe devolvesse o anel pessoalmente, pois gostaria de conhecê-lo melhor. Precisava falar-lhe, mas ele era melhor ainda do que ela supunha. A honestidade dele fez os sentimentos dela aflorarem ainda mais.

Adolfo terminou sua tarefa diária e, pedindo licença, foi pra casa tentar esquecer o dia atribulado que tivera.

Ao contar a mãe o acontecido, omitiu o que mais lhe impressionou: a doce voz sem rosto.

Enquanto ele ficava a cismar, virando a comida de um lado para o outro sem mesmo prová-la, sua mãe falava, preocupada com o que poderia ter acontecido se porventura pensassem ser ele o autor do feito. Escutando as últimas palavras de sua mãe, interrompeu-a:

— Mãe, não houve furto algum. A filha do dono da casa esqueceu-a sobre a terra, e foi assim que a achei.

— Você não falou que estava enterrada?

— Superficialmente... — falou o rapaz com o olhar distante.

— Aconteceu mais alguma coisa, que não quer me contar! Você está muito estranho, meu filho... E a tal moça? É bela?

— Não sei, não a vi.

— Mas não me contou que ela foi ter com o pai para inocentar os pobres empregados do furto?

— Mas não tive tempo de vê-la. Fui dispensado antes dos outros; só escutei sua doce voz...

— Filho, essa moça está a léguas de distância de você, não tente se aproximar dela nunca!

— Não sei por que fala assim, mãe. Não falei que nem a vi?

— Você está pensativo, e isso me assusta. Já vi esse olhar sonhador em outra pessoa, a quem muito amei. Filho, a realidade para nós do povo é diferente daquela onde habita essa rica moça. Nem tente se aproximar dela.

— Mãe! Você se preocupa em demasia. Fico no meu canto a trabalhar e só falo com as flores. Ainda dói em meu peito a ausência de meu pai e a razão do abandono...

A mãe abraçou-o carinhosamente, arrependida das palavras duras ditas antes.

— Filho, temo pela sua segurança e de sua irmã. Não quero que nada de mal lhes aconteça. Creio que não serei forte suficiente para suportar a dor de perdê-los...

— E minha irmã, onde está?

— Foi até o largo, com uma amiguinha. Prometeu não demorar muito.

— Você estava preocupada comigo, mas e ela, sim, deveria ser sua preocupação. Vou procurá-la! Já se faz tarde para donzelas andarem desacompanhadas, ainda mais com tantos perigos a rondar!

CAPÍTULO

IV

SUSTO E PERSEGUIÇÃO

Deixando a mãe ainda a falar, lá se foi ele à procura da irmã. Não precisou caminhar muito para ver o que seria um pequeno tumulto. Seu coração disparou! Mesmo longe, pôde divisar quem estava a procurar, e sabia que algo acontecera.

Correu como um alucinado e, quando a irmã o viu, jogou-se em seus braços aos prantos.

— O que lhe fizeram? — Perguntou o rapaz, abrigando-a em seu peito.

Ela não parava de chorar convulsivamente. Então, várias vozes responderam a sua pergunta.

— Ela estava a gritar, sendo puxada por um velho! Acudimos aos seus gritos, e o velho sumiu na escuridão!

— Com certeza queria roubá-la... Falou o irmão, acariciando-a.

A menina, então já mais calma, pôde balbuciar:

— Não, meu irmão, ele não parecia ser um pedinte. Estava bem trajado; queria me levar à força para algum lugar ermo.

— Onde está quem lhe acompanhava?

— Ela ficou assustada e correu! Não a culpe, foi assustador mesmo!

— Vamos para casa, nossa mãe a espera, preocupada com sua demora.

O rapaz agradeceu as pessoas que o rodeavam e orou, agradecendo por sua irmã estar a salvo.

Encontraram a mãe em meio a caminho de casa, pois a mocinha que seria a companhia da volta chegou antes, esbaforida, contando o que estava acontecendo.

A mulher armou-se de um pedaço de pau e partiu também à sua procura.

O encontro com os filhos foi como se tivesse subindo ao céu, tamanha a sua felicidade. Ela ria e chorava. Ajoelhou-se naquela terra bruta, coberta de pedras pontiagudas, e agradeceu por sua menina estar a salvo.

— Mãe, venha. Levante-se, vamos pra casa.

Ela deixou-se conduzir, levando agarrada a sua mão sua preciosa jóia.

Mais tarde, mais calma, falou aos filhos:

— Este velho coração não suportaria mais uma perda! Filho, se algo me acontecer, quero que me prometa que nunca deixará de cuidar de sua irmã! Zelará por ela como seu pai pediu que eu fizesse com vocês. Mas, hoje, temi pelos dois! Fraquejei ao deixar Amaralina ir nas mãos do destino! Um tempo grande já se passou sem que seu pai tenha retornado. Creio que nenhum dos dois tenha esperança que ele possa estar vivo, então, meus filhos, protejam um ao outro. Você, meu filho, que já tem mais experiência, a partir de hoje assume o lugar de seu pai na orientação a ser dada a sua irmã!

A mulher falava com a voz embargada, como alguém que havia falhado e não tinha forças pra seguir adiante.

— Mãe, não é aquela mulher forte que nos conduziu até aqui que vejo agora! Meu pai não gostaria de vê-la nesse estado... Foi um erro que você lamentará e, com certeza, servirá como exemplo para que não torne acontecer. É zelosa, boa mãe. Já não temos a palavra de nosso pai... o que será de nós se faltar sua força e sua fé? Foi ela que nos conduziu até aqui e nos mantém vivos!

O rapaz abraçou a velha senhora e orou como sempre fazia seu pai. E assim, com os três abraçados, formou-se uma aura de paz e esperança em dias melhores.

Adolfo acordou nas primeiras horas da manhã e foi para o trabalho sem pensar no que havia acontecido e na doce voz que o enterneceu. A preocupação com a irmã era um fato presente e ocupava todos os seus pensamentos. Mas foi só pisar na soleira daquela enorme construção para lembrar do que havia acontecido e da jóia perdida que caíra em suas mãos.

— Chegou cedo! Não é você o bom rapaz que colocou em dúvida a honestidade de todos?

O rapaz virou-se e deu de cara com o chefe da cozinha, com seu cutelo em punho, como se quisesse degolá-lo!

— Não sou culpado de fazer um achado; e, se não me pertencia, era meu dever entregá-lo ao dono!

— De hoje em diante, lembre-se de quem cuida de tudo o que você pode ver sou eu! Você passou por cima da minha autoridade! Não me falou do tesouro encontrado, e não admito que tente cair nas graças do patrão.

— Não foi minha intenção... Só quis devolver algo perdido.

— Da próxima vez, coloque nas minhas mãos... ou terei de tomar certas providências!

— Não o entendo. Está bravo pela peça devolvida?

— Não se faça de ingênuo... Está avisado!

O homem falava e tocava de leve na mão com o lado cortante do objeto que empunhava, numa atitude claramente ameaçadora.

Ele retirou-se sem mais palavras, deixando Adolfo perplexo, sem saber quando tinha cometido uma falha tão grave para estar sendo visivelmente ameaçado. Mas, ao longo do dia, sentiu que o mesmo se dava com os outros serviçais. Todos procuravam desviar de sua figura, sem mesmo lhe lançar um olhar.

O rapaz ficou inquieto com a situação. Só quis devolver o que não lhe pertencia... Que mal havia feito?

O que o rapaz não sabia que muito se desviava naquela habitação, sob as ordens do cozinheiro. Ao devolver o objeto, o rapaz colocou de sobreaviso quem muito por ele era enganado, e até dopado, quando se servia do vinho as refeições.

Adolfo sentiu-se aflito. Não conseguiria lidar com trabalho tão delicado com as mãos trêmulas como estavam. Resolveu ir pra casa sem comunicar a ninguém sua saída.

— Aonde pensa que vai? Nem começou o trabalho!... Por acaso fez mais algum achado e corre para casa para ocultá-lo?

O rapaz, estendendo as mãos vazias, exclamou indignado:

— Vê o que levo comigo? Não, não pode ver! Pois o que carrego está no meu ser, e herdei de meu pai! Mas, quando chegar em casa, a primeira coisa que farei será orar pelo senhor! Os inimigos, vejo-os como amigos... Os ambiciosos, vejo-os como alguém que se perdeu das diretrizes de Deus e precisa de ajuda para encontrar o caminho certo... Mas quem sou eu para julgá-los?

— Está pregando para mim? Que palavras são essas que diz para mim? Enlouqueceu?

Só então o rapaz se deu conta de que estava falando como alguém que conheceu, e que se perdera pelas palavras.

— Desculpe, senhor! Estava divagando... Comi algo que não me caiu bem e pensei em ir até em casa confortar-me com minha mãe.

— Confortar-se? Que mal é esse, que precisas de conforto e não de remédio?

O rapaz viu que não conseguiria se livrar daquele homem, e começava a sentir-se mal de verdade, o suor descia-lhe pela testa.

— Vá! Não está falando coisa com coisa, e com esse suador e palavras desconexas deves mesmo estar variando...

O homem deu-lhe as costas, e o pobre rapaz bambeou, pois suas pernas lhe faltavam.

— Queres um pouco d'água para que refresques sua fronte?

Aquela voz... Pronto! O rapaz desabou ao chão, perdendo de vez os sentidos.

CAPÍTULO

V

QUASE UMA TRAGÉDIA!

Despertou sentindo sua cabeça sobre um macio travesseiro e sentiu um leve frescor em seu rosto. Pensou ter ido se juntar ao pai, pois o perfume que entrava em suas narinas e o inebriava era incomum, e com certeza não vinha das flores, pois esse ele conhecia bem.

Continuou de olhos fechados, temendo abri-los e despertar de um sonho.

— Senhor! Estou aflita... Se não despertar logo, terei de chamar os serviçais para que me auxiliem...

O rapaz abriu os olhos devagarzinho e deparou-se com aquele rosto angelical.

— É um anjo?

— Pensa que estás morto?

A mocinha deu um sorriso, iluminando ainda mais a fronte, o que impressionou ainda mais o rapaz.

— Oh, doce morte!... Veio em minha busca e eis-me aqui, desamparado, entregue a seu destino, esperando que me leve aonde possa encontrar meu pai!

A mocinha colocou os dedos em seus lábios, pedindo que se calasse, pois se o ouvissem o colocariam a ferros, temendo sua loucura.

O rapaz, sentindo aquele toque suave, despertou de sua inércia, sentando-se, agora assustado e preocupado.

— Não morri?

— Deve ter tido um desmaio... Está alimentado?

— Quem é você? É real?

— Sou filha de Demétrio, dono de tudo que você pode ver.

O rapaz levantou-se e curvou-se ante senhorinha tão delicada, que não deveria estar ali a falar com ele.

— Por favor, não faça isso!

Nesse mesmo instante, uma voz grave ecoou, fazendo-o estremecer.

— Rapaz, o que está fazendo? Não disse que tomaria o rumo de casa?

O cutelo reluzia na mão daquele rude homem, que o sacudia ameaçadoramente.

Nenhuma palavra fora dirigida para a senhorinha, mas ela entendeu o recado e retirou-se rapidamente, mas não sem antes esbarrar no atônito rapaz e colocar em suas mãos o prendedor de seu cabelo. Esse gesto deu um calafrio em Adolfo. A sorte dos dois foi terem sido pegos em atitudes formais, senão pobre do rapaz!

Esse saiu a rua como se tivesse ingerido algo que lhe entorpecesse. Errou o rumo de casa, indo parar diante do rio, com suas águas caudalosas.

— Rapaz! Está se sentindo mal?

Da maneira como foi sacudido e pego de surpresa, deixou cair de suas mãos o precioso guardado. Ele só pôde olhá-lo desaparecer nas águas.

Sem pensar no perigo que corria, atirou-se nas águas atrás do tesouro perdido.

O homem que há pouco o tocara começou a gritar com gestos enlouquecidos para que viessem ajudar um pobre rapaz que se atirou na água, querendo acabar com a vida que não lhe pertencia.

Juntou-se uma multidão. Parecia que ninguém se entendia. Ajudar o moço, saltando na água, ninguém se atrevia.

Esperaram o desenrolar, que o corpo aparecesse flutuando.

Ao mergulhar, Adolfo despertou com o toque gélido da água. Sereno, tentou achar no fundo o que antes brilhava em suas mãos. Achou-o como uma luz brilhante a lhe guiar.

Assim que o tocou, deixou seu corpo flutuar e veio à tona. Logo içaram-no, e foi ovacionado como se ali tivesse acontecido um milagre. E realmente acontecera: o milagre da fé!

Tudo aconteceu em questão de segundos; segundos esses em que o rapaz orou e pediu forças para não sucumbir, pois duas pessoas maravilhosas dependiam de sua sobrevivência.

Ainda atordoado, tentou livrar-se dos que, o abraçando, tocavam-no para ver se sua figura era real.

Quando se viu livre, tocou para casa, pois começava a tremer de frio. Alguém, percebendo o que acontecia, jogou-lhe no ombro uma manta, que, de longe, parecia ser uma túnica. Sua figura ficou assaz impressionante! Logo, a multidão que há pouco dispersara, o estava seguindo numa grande procissão. O rapaz não se conteve:

— Parem! O que querem de mim? Deixem-me em paz! Vão para suas casas. Não têm o que fazer? Orem, então! Usem seu tempo livre, em que acabaram seus afazeres, e orem. Se não pelos irmãos, que seja por vocês mesmos!

Os olhos do rapaz brilhavam... Suas palavras tinham uma força inexplicável. Foi como um choque. Todos ficaram paralisados, vendo-o se afastar. Ninguém mais deu um passo ou pronunciou uma palavra.

Chegou em casa rapidamente e deparou-se com a mãe na soleira da porta. Sua palidez era visível. Parecia que, depois de tantos anos, a espera por alguém muito amado acabara. Mas, quando mais próximo ficou, o vislumbre acabou.

— Filho! Enlouqueu? Porque está trajado assim?

O rapaz jogou longe o que lhe cobria e foi ao seu encontro, abraçando-a fortemente, como se estivesse havia muito sem vê-la.

— Filho, o que aconteceu?

— Mãe, deixe-me colocar umas roupas secas e narrarei todo o acontecido.

A mulher enxugou as lágrimas que lhe desciam a face e colocou a mão sobre o peito, tentando acalmar o relógio da vida que batia descompassadamente.

Asseado e mais calmo, o rapaz narrou à mãe todas as venturas e desventuras do dia.

— Filho, esse homem é perigoso. E, como me contas, você não é do agrado dele. Procure outra casa onde possa trabalhar. E como você caiu no rio?

— Foi um acidente. Alguém deu-me um encontrão e, distraído que estava, fui parar na água.

O rapaz omitia parte da história. Não queria envolver a moça em sua desdita.

— Mãe, não sei o que acontece. Não consigo controlar minhas palavras... Elas saem de minha boca como se estivesse entoando uma canção e, envolvido, não pudesse parar! Não quero de meu pai essa herança...

— Filho, não fale desse modo; poderá se arrepender! Seu pai ajudou a muitos com suas pregações. Sua palavra era acolhedora e trazia para o caminho do bem aqueles que estavam no desvio. Se ele aqui estivesse, mesmo com todas as dores sofridas, não escutaria dele nem um lamento. Ele era temente a Deus e propagava suas palavras junto aos seus irmãos.

— Mãe! Isso lhe custou a vida! De que adiantaram suas palavras, se por elas o crucificaram?

— Filho, não sou a pessoa mais indicada para lhe esclarecer os mistérios divinos. Mas ouça seu coração e deixe que ele lhe guie. Não tema! Acredite no Criador de todas as coisas...

— Mãe, como pode me pedir isso, se há alguns dias temia por nossa segurança! E se me acontecer o mesmo que a meu pai? Ficarão desamparadas... Já pensou no que poderá acontecer a Amaralina? Duas mulheres sozinhas neste mundão de meu Deus, sem ter quem as defenda...

A mulher desabou num choro convulsivo, que deixou o rapaz condoído por ter dito palavras tão fortes, a ponto de abalá-la emocionalmente.

O rapaz deixou cair os ombros, cansado pelo dia exaustivo que tivera. Ficou abraçado à mãe, orando que a paz reinasse naquele lar.

CAPÍTULO

VI

ATO INSANO

O cantar do galo o despertou ainda em meio à escuridão. Ouvia vozes e, ainda sonolento, não atinava de onde vinham. Uma pequena multidão formou-se em frente à sua casa desde as primeiras horas da madrugada...

Quando o rapaz retirou-se no dia anterior, foi seguido sem que percebesse. O endereço da casa correu como o vento e, aos poucos, em plena madrugada, as pessoas foram chegando para ver e escutar aquele ser enviado de Deus.

O rapaz, tateando a parede, deu de encontro com a mãe, que acordara do mesmo jeito.

— Mãe, que vozerio é esse em nossa porta?

A velha senhora não respondeu; já passara por situação semelhante várias vezes ao longo de sua vida.

— Mãe, O que está ocultando de mim?

— Creio que essas pessoas vieram vê-lo e escutá-lo...

— Ver-me? Estão loucos?

— Filho, você tem o dom da palavra, e a fé impera no seu ser. Fale a eles... Diga a eles o que vai ao coração...

— Direi, sim! Falarei que é cedo demais para saírem de suas casas! Mãe, quero que me deixem em paz!

A velha senhora guardou silêncio e orou. Ela mesma não sabia o que estava acontecendo com ela para tentar convencer Adolfo a seguir os passos do pai.

Amaralina apareceu no pequeno cômodo que servia de sala e, vendo os dois silenciosos e um burburinho fora de casa, assustou-se.

— Mãe, depois de tantos anos, nos descobriram? Vieram por causa do pai, não é?

— Não, filha. Vieram para ouvir seu irmão.

Adolfo negava com a cabeça o que a mãe dizia a Amaralina.

A menina estava confusa. Sua mãe e seu irmão não compartilhavam a mesma idéia.

— Amaralina, vá lá! Diga-lhes que voltem para os seus lares. Aqui não tem nenhum pregador.

Amaralina permaneceu parada, sem esboçar reação alguma, e o irmão exasperou-se.

— Irmã, vá lá! Diga-lhes! Não quero o mesmo destino do nosso pai...

— Adolfo, o que aconteceu para eles o seguirem?

— Não sei. Ainda estou tonto. Às vezes, as palavras me escapam sem que consiga controlá-las...

O rapaz sentou-se, cobrindo o rosto com as mãos desabando num convulsivo choro.

A mãe e a irmã envolviam-no em seus braços, como se pudessem livrá-lo de toda aquela angústia.

Enquanto isso, lá fora...

— Ele não é quem nós pensávamos! É um embusteiro!

Pronto! Foram só essas palavras serem proferidas por alguém, se que iniciou uma onda de revolta contra aquele que se recusava a recebê-los.

Uma pedra foi atirada em direção a casa, vinda das mãos de quem ali estava sem bons sentimentos cristãos, e logo, como se impulsionado por uma corrente negativa de espíritos inferiores, várias pedras seguiram a primeira, desencadeando uma malévola corrente. O que antes irradiava boas energias, agora emanava uma nuvem escura que a todos envolvia.

Quando a primeira pedra atingiu a casa com seu baque seco, Amaralina tomou a decisão: iria falar com eles, como lhe pedia seu amado irmão.

Assim que abriu a porta, recebeu uma enxurrada de pedras, que eram atiradas na casa.

Sendo atingida várias vezes na cabeça, a menina tombou, assustando quem a ferira e os ocupantes da modesta casa.

Adolfo socorreu a irmã, cujos gritos juntavam-se ao choro da mãe.

A pequena multidão dispersou ante ato tão mesquinho.

Adolfo, vendo que a irmã estava bem, limpou sua testa com as mãos e, com elas assim ensangüentadas, gritou para aqueles que apressados afastavam-se:

— Voltem. Por que correm? Queriam escutar palavras sagradas e agiram como carrascos dos cristãos!

Ninguém ousava voltar nem olhar quem lhes falava. Alguns, que nem sabiam por que agiram daquela forma vil, diminuíram os passos e abaixaram a cabeça, pedindo perdão a Deus pelo ato praticado.

Amaralina, entre assustada e preocupada, não se importava com seu ferimento. Adolfo lembrava quem havia muito se afastara deles, e ela não queria o mesmo fim para seu amado irmão.

A mãe ficou sem ação. De novo sua vida ficava ferida pelas palavras proferidas por alguém da família. Não queria isso de novo! Ela o incentivava e, agora, sua menina estava ali, a sangrar, como o coração da mãe. Imagens do passado chegavam bem rápido para lembrar-lhe o quanto era perigoso seu menino seguir os passos do pai.

Não, não poderia continuar ali naquela moradia! Teria de ir para bem longe, para de novo recomeçarem.

Amaralina era mais forte do que o irmão pensava. De protegida passou a protetora do irmão. Limpando com a mão o ferimento, logo alcançou-lhe.

— Irmão, volte! Não adianta falar-lhes! Eles estão surdos, cegos! Não o ouvirão, nem enxergarão a verdade! Volte, meu irmão...

Nesse momento, quem queria que fosse feita uma pregação com palavras de fé e razão, não tinha como ali permanecer. Seguiram rápidos ao alcance daqueles que já iam longe, e que estavam distantes da verdade de Deus.

O rapaz entrou na casa cabisbaixo e, abraçando a irmã, lamentou:

— Sou o causador de sua ferida... Deus me ajude a controlar minha língua.

A mãe, aos soluços, fazia uma trouxa com vestimentas dos três.

— Mãe, o que você está fazendo?

— Temos de seguir adiante sem olhar pra trás, como um dia disse seu pai! Não quero para você o mesmo fim que ele teve! Perdoe-me. Insisti, queria que fosses como ele, mas nada mudou. As pessoas não mudam. Continuam a crucificar quem os quer ajudar.

O rapaz impediu-a de continuar e sentou-a com carinho, colocando a mão em sua fronte e fazendo uma oração. Logo ela se acalmou e desistiu de seu intento.

— Perdoe-me, filho, estou sendo tão fraca quanto aqueles que correram depois de praticar ato tão vil.

O rapaz pegou sua mão e a de Amaralina e recomeçou a oração.

Logo uma onda de luz penetrou naquele lar de fé, e a angústia e o medo deram lugar à esperança de dias melhores.

—Vamos, mãe. Vamos cuidar de Amaralina, fazer nossa primeira refeição e agradecer a Deus por estarmos juntos. Irei para o trabalho mais cedo. Assim, evitarei de encontrar os que aqui estiveram. Não que eu os tema, mas não quero que pensem que sou pregador. Sou um jardineiro que tem uma família para cuidar. Prefiro orar para minhas rosas e dálias... Elas me ouvem e respondem com um florir digno da existência de Deus.

A mãe limpou as lágrimas, que não cabiam mais naquele, momento, e foi buscar um remédio para cuidar de sua menina.

Adolfo catou as pedras que lhe foram atiradas e fez uma cruz, sem mesmo saber por que o fazia, mas espíritos protetores guiavam suas mãos. A cruz significava redenção e martírio...

Espíritos protetores envolviam-no naquele momento e oravam pedindo ao Altíssimo que aquela voz não se calasse, que levasse a todos a palavra de Deus!

CAPÍTULO

VII

DESEJO DE VINGANÇA

Logo, Adolfo estava ajoelhado entre as flores, tentando esquecer os momentos difíceis que a família passou logo ao raiar do dia.

O cheiro de terra, o perfume das flores e o verde que o rodeava faziam-no esquecer momentos tristes. Ali, ele se refazia diante da magnitude da criação de Deus. Admirava a perfeição das flores, examinava cada detalhe e não se cansava de agradecer a visão, o poder de admirar aquelas belezas.

Sentiu alguém próximo, mas, distraído estava, nem tinha percebido que alguém chegara. Assustou-se ao ouvir a voz.

— Chegou tão sorrateiro que nem se apresentou a quem deve respeito?

— Desculpe-me, cheguei muito cedo e não quis incomodá-lo...

— Caiu da cama? — Falou o homem, zombeteiro.

Adolfo sentiu o escárnio e não respondeu. O que diria? Continuou seu trabalho, ignorando quem o rodeava.

— Está fazendo ouvidos moucos? Se sente superior porque fala palavras bonitas? Ouvi boatos sobre uma arruaça em frente a sua casa... Quem me trouxe verduras frescas também trouxe os primeiros acontecimentos do dia, e, pelo que o rapaz me falou, você era o alvo das confusões...

O homem falava em tom de deboche e gargalhava; Adolfo não pode mais ignorar.

Sem encarar quem lhe falava, retrucou:

— Senhor, não podemos evitar que nos atirem pedras. Se esses homens não conhecem as leis divinas, não os julgo. Oro por eles.

— Ora? É insano! Vou falar ao meu senhor para que contrate outro que cuide dos jardins. Você é um perigo constante a nos rondar!

PLANTANDO O AMOR

Agora Adolfo teve de encará-lo. Não podia ficar sem trabalhar nem que fosse por poucos dias.

— Senhor, reconsidere. Cuido bem do meu ofício... Pode ver o quanto o jardim está florido.

O argumento usado por Adolfo era fraco, pois aquele rude homem não parava nem um segundo para apreciar e agradecer as dádivas de Deus.

— Hoje será seu último dia nesta casa! Passe ao terminar seu trabalho para receber o que lhe é devido.

— Não será assim.

Os dois se viraram ao mesmo tempo para olhar quem intercedia de maneira tão suave, mas, ao mesmo tempo, com firmeza.

— Senhorinha, me perdoe, mas o assunto aqui não lhe diz respeito.

— Como não? Esqueceu de quem sou filha?

O homem imediatamente fez uma reverência, mostrando que sabia sua posição naquela casa.

Adolfo nem se atrevia a lhe dirigir o olhar. Como se ignorasse o que o homem rude havia dito, ela continuou:

— O jardim está cuidado como nunca esteve! Não ouse despedi-lo. Escuto muitas conversas pelos corredores e, entre elas, algumas nada agradáveis a seu respeito. De certo você não gostaria que esses assuntos chegassem aos ouvidos do meu amado pai.

O homem, ao escutá-la, mudou de cor. Sua boca espumava, tamanha era sua cólera!

Pensou consigo mesmo: "Por agora ela manda, mas só por agora!"

Fez mais uma reverência e afastou-se pisando firme, querendo esmagar quem por acaso se pusesse sob seus pés!

—Senhorinha, agradeço sua ajuda. Estava em pânico diante da possibilidade de ficar sem meu ganha-pão. Tenho mãe e irmã que dependem de mim para tudo... Contudo, temo que a senhorita tenha cutucado a cobra e que possa ser picada.

—Não o temo! O que disse a ele é verdade. Ainda não contei a meu pai para poupá-lo de dissabores.

—Mas o ameaçou, e isso não é bom. Se sabe de erros cometidos por ele, tente alertá-lo, porque malfeito só traz tristezas e agonias para quem o pratica... É a lei de Deus.

—Ele ia despedi-lo e você ainda o defende?

—O mal e o bem caminham juntos, temos de mostrar o caminho certo, mesmo que sejamos ofendidos...

—De onde você veio? Quem o ensinou a falar desse jeito? Tem um mestre?

Como se saísse de um transe, Adolfo se desculpou e pediu à senhorita para esquecer o que dissera.

—Esquecer? Você é enigmático!

A mocinha se afastou, mas não antes de pegar a rosa que lhe foi oferecida.

Ela se afastou, e Adolfo ficou a observá-la até desaparecer. Era tão linda, quanto a flor que ele lhe oferecera.

Alguém de longe também os observava, e tão logo a moça se afastou, cravou o cutelo no chão com tanta força custou retirá-lo. O que estava acontecendo não era de seu agrado. Precisava afastar daquela casa aquele que era visivelmente protegido. Teria de pegá-lo com uma boa armadilha, assim ninguém o acusaria do feito. Teria de pensar. Como seu patrão estava sempre desconfiado de quem lhe servia, não seria difícil acusá-lo de roubo. Mas como, se ele não entrava na casa principal? As flores! Não foram tão elogiadas pela Senhorinha? Então, que seja a desgraça dele! Tirou o avental que encobria um pouco sua grande figura e pôs seu plano em andamento.

CAPÍTULO

VIII

PLANO CRUEL

No mercado, o malvado serviçal encontrou tudo de que precisaria.

À noite, regou o lindo jardim com uma substância nociva, que, com certeza, tiraria o viço das plantas. Acordou mais cedo do que o costume e foi ver se o plano tinha começado a dar resultado. Ficou maravilhado. Como era inteligente! As flores dobraram-se em seus caules, como se estivessem pedindo socorro! Os arbustos, tão bem cuidados, agora estavam queimados, sem seu verde característico.

Um barulho fê-lo se esconder, pois sabia quem chegava bem cedo, logo nas primeiras horas da manhã.

Ficou a observá-lo e se encheu de júbilo ao ver o rapaz colocar as mãos na cabeça, num gesto de surpresa.

"O que teria acontecido?", ele se perguntava.

As flores! Suas flores! O que acontecera para que estivessem se dobrando como se lhes faltasse o ar?

Os arbustos, antes tão viçosos, agora estavam tristes de se ver!

Escutou passos às suas costas e, pelo barulho característico, sabia quem se aproximava.

— Tem negligenciado o serviço, e eis o resultado! Temo que dessa vez a Senhorinha nada possa fazer para ajudá-lo! Você mesmo cavou sua ruína! Quando o patrão abrir a janela de seus aposentos para respirar o ar puro, como faz todas as manhãs, terá uma desagradável surpresa! Se eu fosse você, não esperaria que me demitissem, iria embora antes, poupando a vergonha.

— Você é cruel! Não sei o que pode ter acontecido, mas descobrirei. — Passando as mãos nos arbustos, continuou — Este cheiro... não é próprio da natureza...

— O que você quere dizer com isso? Que alguém as regou com algo nocivo?

— É o senhor é que está dizendo... Então, deve concordar comigo!

— Insolente! Devia cuidar melhor do seu ofício e, no entanto, passa o tempo a arrastar as asas onde não deve! Esperarei o patrão acordar e veremos o que vai acontecer!

O homem saiu apressado, pois o rapaz era mais esperto do que ele pensava.

Ao ver-se só, o rapaz ajoelhou-se, pegou um punhado de terra e indagou aos céus:

— Senhor! Se me querem mal por algo que não sei se fiz, que seja eu o punido, e não Sua obra!

As lágrimas escorriam por sua face, molhando ainda mais aquela terra úmida pelo mal causado.

— Por que chora? Sua fé deveria mantê-lo ereto, não caído, como as flores que perecem! — disse a jovem patroa se aproximando.

— É generosa. Seu jardim está arruinado, e, em vez de me culpar, ainda me dá alento...

— Por que o culparia? Bem sei de quem é esta obra. Ele o teme. Teme suas palavras. Só não entendo como o perdoa em vez de ficar indignado com suas ameaças. Não entendo como meu pai o mantém nesta casa em serviço. Ele, da cozinha, governa todos os limites da casa! Meu pobre pai não se dá conta, o tem como um bom serviçal.

— Só vemos aquilo que queremos ver. Com os olhos, tudo será superficial. Com o coração...

— Meu pai é um bom homem, mas apegou-se demais às coisas terrenas. Tudo para ele é medido em ouro. Mas não o queira mal. Tenha-o em suas preces. Ele anda meio adoentado. Desde que minha mãe partiu, ele se fechou em um mundo próprio. Vive a contar seus tesouros, como se fosse levá-los quando se for. Mas, sempre, em minhas orações, peço que Deus tenha misericórdia dele. Sei que ele veio de uma família muito humilde. Até hoje, não sei como fez fortuna; nunca consegui saber. Mas sei um pouco de seu passado, pois o conta, para que eu nada desperdice. Não se entristeça pelo jardim... Limpe-o, coloque as sementes e logo ele estará renovado! Assim é a natureza... Assim é a vida de todos nós...

O rapaz ficou a escutá-la, perplexo. Como ela aprendera a falar desse jeito?

— Senhorinha, não deves falar sempre o que pensa. Pois pode se perder pelas palavras. Se nos ouvirem, me condenarão sem ter tempo de me justificar. Você não deve falar com subalternos... As paredes têm ouvidos.

— É temeroso... Decepciona-me.

— Não me entenda mal, estou num péssimo dia. Se a pegam aqui comigo...

— O que está acontecendo?

O vozeirão assustou os dois jovens.

— Pai! Acordou cedo. Nem o ouvi chegar...

— Devia ter sido anunciado antes? O que se passa?

— Paizinho, estava comentando com nosso serviçal o ocorrido...

— O que aconteceu que eu não saiba?

— As flores, meu pai. Veja!

O homem que pouco as tinha observado, agora indagava ao assustado rapaz:

— Que explicação me dá? Creio que o estava fazendo a minha interessada filha, então peço que continue...

Adolfo respirou fundo, pediu auxílio em uma breve oração e continuou, sereno:

— Senhor, ontem ao sair deixei as flores em seu mais brilhante viço e os arbustos na totalidade de sua verde cor; mas, hoje, ao chegar, deparei-me com esse triste quadro. Estou tão surpreso quanto a Senhorinha...

O homem, agora mais observador, olhou à sua volta e irritou-se.

— Sabes o quanto prezo os meus jardins, e por isso lhe pago mais do que devido! Você me foi indicado, como um dos melhores, ou o melhor, em seu ofício, mas vejo que era só balela!

— Senhor...

— Não quero mais ouvir um som sequer saído de sua boca, nem suas mãos tocando de novo meus jardins! Peço que se retire e depois volte para acertar suas contas com meu encarregado! E não pense que não descontarei os estragos!

— Pai, você não está sendo benevolente... Foi um acidente, e o motivo para isso ter acontecido logo será encontrado!

— O motivo é alguém que não sabe direito o ofício!

E, virando-se para o atônito rapaz, exclamou enfurecido, mostrando-lhe o portão de entrada:

— O que espera, por que ainda não saiu correndo? Quer que minha filha continue a interceder por você?

O rapaz saiu cabisbaixo, com um aperto no peito pela injustiça sofrida.

Alguém mais adiante observava a cena, ele estava radiante por seu plano ter dado mais certo do que esperava. Enchia-se de júbilo pelo feito. Quem o rodeava também tinha os mesmos sentimentos. Espíritos obsessores instigavam-no e nutriam-se com sua maldade.

Um vento forte começou a soprar e derrubar as folhas secas. O sol chegava de mansinho, aquecendo as flores, livrando-as dos efeitos maléficos.

Adolfo estava quase ultrapassando os portões quando escutou a voz entusiasmada de sua protetora.

— Pai, veja! As flores, elas não sucumbiram! Estavam apenas esmorecidas. Veja os arbustos! Pai, não sei o que aconteceu antes, mas agora o que vemos é a resposta da natureza!

O pai, em sua raiva incontida, não tinha a mesma visão que a menina.

— Quer um milagre? Então reze para que encontremos quem entenda melhor do ofício!

Adolfo ainda escutou as últimas palavras daquele homem infeliz. Infeliz, sim! Era uma pobre alma que dava muito valor aos bens materiais, esquecendo-se do valor real de seus irmãos, pisando e humilhando a todos, esquecendo que eram, perante Deus, todos iguais.

CAPÍTULO

IX

MAIS PROBLEMAS

dolfo afastou-se de vez, desiludido, sabendo que aquele homem não voltaria atrás em sua palavra. O que diria em casa? Pobre de sua mãe; não bastassem os últimos acontecimentos, agora o desemprego. Adolfo mudou o rumo e foi até o mercado. Ali já era bem conhecido, pelo claro entendimento. Ninguém ousava enganá-lo, até porque, apesar de ser calado, quase tímido, sua expressão transmitia uma tranqüilidade que envolvia com quem ele falava.

— Bom dia, filho! Algum pedido especial para hoje? Serviu-lhe de algo o que levaram ontem?

— Não sei do que você está falando. Eu não encomendei nada e nem recebi nada.

— Aquele malfadado — que ele não me ouça — não lhe entregou a encomenda? Disse para mim que você havia pedido com uma certa urgência...

— Senhor, repito que nada sei e que nada chegou em minhas mãos!

— Não compreendo...

— Será que pode me esclarecer melhor do que se trata?

— O veneno para pulgões! Fiquei receoso de você não saber usar a quantidade certa, pois seria nocivo ao seu lindo jardim.

Adolfo sentiu seu coração disparar. "Como ele pôde?", perguntava-se. Que mal lhe havia feito para despertar sentimentos tão escabrosos...

Sim, ele fora esperto. Conseguiu atingi-lo de uma forma que não teria como se justificar. O jardim, morrendo, atestava perante seu patrão a sua ineficiência. Poderia pedir ao vendedor que lhe acompanhasse e repetisse o que lhe havia dito, mas do que adiantaria? Aquele homem continuaria a fazer o mal, com conseqüências ainda mais graves. Não temia por si, mas a quem ele pudesse atingir.

Agradeceu ao homem e, dessa vez, tomou rumo de casa. A mãe ao vê-lo chegar alquebrado e mais cedo do que de costume pressentiu que algo havia acontecido ao seu menino, e não teria sido nada bom.

Adolfo sentou-se e cobriu o rosto com as mãos, tentando livrar-se da angústia que tomava conta de seu ser. A mulher abraçou-o, interpelando:

— Filho, sua mãe está aqui. Não quer contar o que houve?

O rapaz não sabia por onde começar, se pela maldade do cozinheiro ou a perda do emprego.

— Mãe, vamos passar de novo por momentos difíceis. Não terei o meu salário por enquanto, mas prometo que andarei o mundo até encontrar quem me contrate!

— Você foi despedido? Que injustiça...

— Mãe, o que sabemos nós de justiça?... Meu pai era um bom homem e foi claramente injustiçado. O que sabemos nós dos desígnios de Deus! Onde está minha irmã?

— Foi fazer umas entregas.

— Mãe, você sabe que o perigo ronda moças como Amaralina. Por que a deixou ir sozinha?

A mulher passou as mãos nos cabelos, num gesto de preocupação.

— Estava tão envolvida em meus afazeres que não me dei conta de sua demora. Mas ela é uma menina ajuizada, não dará ouvidos a desconhecidos.

— Ela é muito inocente, como um cordeiro ao ser imolado! Se disserem a ela falsas meigas palavras, ela acreditará!

— Filho, está me pondo preocupada....

— Deixe, mãe! Irei à sua procura. Sabe que direção tomou?

A mulher falou onde seria a entrega e lá se foi Adolfo, deixando para trás o que parecia ser um grande problema.

Não andou muito e viu um grupo de pessoas aglomeradas. Seu instinto fraternal lhe dizia que ali encontraria Amaralina. Chegando mais perto, escutou a música que vinha daquele lado. Jovens dançavam com roupas coloridas enquanto os moços tiravam acordes rápidos de instrumentos desconhecidos para ele.

Quando chegou bem próximo, ficou ainda mais surpreso. Sua irmã dançava, parecendo embriagada pelos acordes.

— Amaralina!

Com seu grito, não só a moça parou de dançar como também houve silêncio em quem antes entoava a rápida melodia.

— Adolfo! Aconteceu algo à mãe? Porque saiu do trabalho tão cedo?

Ela falava surpresa e ofegante pelo bailado, mas estava sendo aplaudida efusivamente.

— Isso agora não importa. Vamos! Nossa mãe a espera preocupada.

O rapaz a pegou pelo braço e foi vaiado por quem não queria deixar a moça ir.

Quando já se afastava levando a irmã, sentiu uma pancada na nuca. Sentiu que tudo rodava e caiu no chão, perdendo a consciência.

Amaralina acudiu o irmão, pedindo que o deixassem em paz.

Alguém, com ar de deboche, falou aos outros:

— Eis adormecido o pregador que saiu vivo das gélidas águas do rio!

O homem nada tinha de venturoso. A maldade estava estampada em seu rosto. Vendo que ninguém foi acudir o rapaz, e que temiam suas palavras, pegou Amaralina e a colocou de novo na roda.

— Vamos, dance! Não vai querer seu irmãozinho de novo nas águas, não é?

— Senhor, por favor!... Não quero mais dançar. Preciso cuidar de meu irmão e ir pra casa, pois minha mãe nos espera muito preocupada!

— Mãe? Tem mãe?... Pensei que você fosse filha da rua!

O homem deu uma sonora gargalhada, com a qual os demais se assustaram. Amaralina agora chorava, mas o homem não se apiedou.

— Já que não quer mais dançar pra muitos, então, vamos, dançará só para mim!

O homem a pegou pelos cabelos e a foi conduzindo sem que ninguém interviesse.

Aos poucos, todos foram se afastando, deixando ali jogado quem só queria o bem dos outros.

Assim que abriu os olhos, antes mesmo de gemer de dor, estranhou o silêncio que o cercava. Sentou-se, segurando a cabeça que doía e procurou com os olhos sua amada irmãzinha.

— Amaralina! Senhor, o que foi feito de minha doce irmã?

Agora em pé e ainda cambaleante, procurou o motivo de sua preocupação até onde a vista alcançava.

— Moço, aquele velhaco a levou. Não sei onde mora, mas posso lhe mostrar a direção que tomou...

Quem lhe falava era um meninote, que com certeza não fazia parte da roda de dança nem do grupo dos saltimbancos.

— Por favor, preciso encontrá-la! Sou responsável pela sua segurança e não estou me sentindo à altura de tal resposabilidade.

Logo, tomou rumo para o caminho indicado, ainda meio atordoado pela pancada.

CAPÍTULO

X

O DESAPARECIMENTO

Andou pelos becos, e nada. Onde estaria Amaralina? O que diria à sua mãe se não a levasse de volta? Seu pai, de onde quer que estivesse, estaria lamentando o acontecido. Tinha fé. Muita fé!... Tinha certeza de que logo a encontraria.

Parou um momento e orou. Orou por aquele homem afastado de Deus, que com certeza era instigado por espíritos maléficos que o induziam ainda mais a praticar o mal.

Escutou uma cantoria e aproximou-se devagar, pensando ser Amaralina. O que viu o deixou penalizado. Mocinhas como sua irmã dançavam freneticamente e eram tocadas por vários homens, que embebedavam-se com álcool e pensamentos torpes.

Observando pela estreita janela, viu que não estava ali aquela que ele procurava, mas, como ela, viu muitas que deviam ser salvas. Empurrou a frágil porta e o silêncio se fez. Não fora convidado a entrar, era um intruso e já um pouco conhecido por alguns.

Um dos homens que parecia ter ingerido mais bebida do que devia veio em sua direção com dedo em riste, direcionado ao seu rosto.

— Está longe de casa! Aqui não há terra pra semear, nem plantas a serem cultivadas! Está fora do seu meio! Vai sair ou quer que lhe ajudem?

— Senhor, peço a sua compreensão. Procuro minha irmã, que não sei pra onde foi levada. Levei um baque, minha cabeça dói e ainda estou um pouco atordoado.

— Deve estar mesmo! Quem o convidou a entrar em minha casa?

O homem falava e já o empurrava em direção à saída.

— Espere! Essas mocinhas devem ter a idade da minha irmã. O que fazem aqui a esta hora? Não deviam estar em suas casas?

— É tolo ou se faz de tal? Que lhe importa o que elas fazem?

Adolfo desviou-se do homem e foi em direção às moçoilas, passando diante de cada uma apesar do olhar estupefato dos homens. Ele continuou:

— São flores ainda em botão... Não desperdicem o viço de suas vidas em orgias! Esta vida carnal é passageira; não a desperdicem com um modo de viver de que mais tarde possam se arrepender! Cada uma de vocês veio a este mundo com uma missão. Façam que valha a pena! Não se afastem de quem lhes deu a oportunidade de viver corretamente! Cantem, dancem, vibrem cada momento pela alegria de estar neste mundo terreno, mas o façam elevando a Deus suas canções e orações.

As moças, tocadas pelas palavras do rapaz, abaixaram as cabeças e tentaram arrumar suas roupas, em desalinho.

— Quem você pensa que é? Fora daqui!

Adolfo foi agarrado e jogado porta afora pela segunda vez em um curto espaço de tempo. Desolado, limpou sua já amarfanhada roupa e seguiu adiante. Não sabia que direção tomar. Onde estava Amaralina? Passou as mãos pelos cabelos num gesto de aflição e sentiu que a dor na cabeça permanecia. Mas essa não importava, precisava achar sua irmã e não descansaria nem que tivesse de perambular pelas ruas dias e noites.

— Achou quem procurava?

Adolfo assustou-se, pois não tinha percebido a chegada do mesmo menino.

— Não. Se eu entendi a direção que você me deu, então não encontrei o local.

— Quer minha ajuda? Conheço bem esses becos e as pessoas que circulam por eles.

— Não tenho como lhe pagar. Se você quiser ganhar alguma coisa com isso, saiba que só posso lhe oferecer minha amizade e gratidão.

O meninote deu uma risada e, chutando pedrinhas à sua volta, falou desconcertado:

— Você é diferente... Olha e me vê. Sou escorraçado por todos sem dó nem piedade.

— Por que o fazem?

— Não tenho família nem moradia certa. Vivo de trocados, pagamento por pequenos serviços prestados. Às vezes furto alguns frutos, mas só quando a fome é insuportável!

— Não devia fazê-lo! Seria melhor pedir, com certeza as pessoas não se negariam a repartir com você, mesmo que muitos não tenham nem o que repartir...

— Moço, você não sabe o que é viver nas ruas!

— Aceito sua ajuda. Quando encontrarmos Amaralina, seguiremos direto para minha casa, e lá encontrará alimento e pouso!

— Está falando sério?

— Por que se espanta? É tão pouco, pelo tanto que necessita...

PLANTANDO O AMOR

Seguiu aquele meninote, que pela sua tenra idade parecia nada saber, mas que pelas lições que a vida lhe impunha já sabia muito mais que deveria. Ele o guiava por becos escuros, onde o vício e a prostituição imperavam.

Às vezes, ele se adiantava falando com um ou com outro, mesmo se estivessem em atitude suspeita. Voltava sempre com alguma informação. Todos sabiam quem era o homem que havia levado Amaralina, mas ninguém ousava dar seu endereço.

O homem era com certeza temido por todos; mas Agostinho, menino esperto por suas andanças, conseguiu ludibriar a pessoa e ela lhe deu a informação. O menino disse que precisava encontrar o homem para fazer um pagamento e que eles haviam se desencontrado. O homem, pensando ajudar o tal, indicou a casa que, por sinal, estava muito próxima.

Panos escuros cobriam as janelas. Nenhum som saía da casa... O coração de Adolfo parecia que ia explodir dentro de seu peito. Temia o que poderia encontrar ali.

Enquanto ele hesitava, Agostinho batia levemente na porta. Ela abriu e eles mergulharam na escuridão do aposento. Gemidos vinham do local, Adolfo sentiu suas pernas bambearem.

— Vamos! — disse ele.

Ele puxava Adolfo, entendendo o medo que o imobilizava pelo que pudessem encontrar ali. Seguindo o meninote, adentraram a casa; o cheiro forte de álcool quase os embriagou.

Um homem estava tombado num canto, com sangue escorrendo por sua cabeça. Objetos quebrados, espalhados mostravam que ali havia acontecido uma pequena batalha.

— É ele! Foi ele que levou sua irmã!

Dois cômodos compunham aquela casa escura e nefasta. E Amaralina, onde estaria?

Enquanto Adolfo tentava descobrir se o homem ainda estava vivo, Agostinho procurava em todos os cantos pela menina.

Adolfo, depois de verificar que o ferimento não era grave e que era o torpor por estar muito embriagado que o aniquilava, foi conferir se sua irmã de fato não se encontrava naquele local. Nada! Começou a procurar por vestígios e, assim que suas vistas se acostumaram com o negrume, encontrou as sandálias dela.

— Será que ela conseguiu fugir? — perguntou o meninote, num som alto o suficiente para despertar o embriagado homem.

De vez em quando ele gemia e parecia despertar. Não seria bom que eles fossem encontrados ali. Eles poderiam ser responsabilizados pela agressão ao homem.

Saíram mais devagar do que entraram e continuaram as buscas, desolados por não saber como continuar.

CAPÍTULO

XI

DIANTE DA FOGUEIRA

Lembrou da mãe sozinha e resolveu ir até ela, levando notícias não muito consoladoras. Continuaria a procurar Amaralina assim que desse um pouco de sossego à mãe.

— Como vamos até lá agora? Desistiu de procurá-la?

O meninote, acostumado a perambular pela escuridão das ruas, queria continuar.

— Não. Vamos até minha casa. Terei de levar algum alento à minha mãezinha. Ela deve estar em desespero.

Adolfo falava ao menino e já procurava as palavras certas para dizer num momento tão angustiante. Ele fez o trajeto de volta para casa taciturno.

O menino o seguia como uma sombra. Lembrava do que lhe fora prometido. Seu estômago doía, reclamando a falta de alimento.

Andaram em passadas apressadas, logo divisando a modesta habitação.

O rapaz espantou-se pelo silêncio e por a mãe não esperá-lo com notícias. Já não andava apressadamente, corria, e Agostinho ia em seu encalço.

— Mãe! — Gritava o angustiado rapaz, antes mesmo de chegar mais próximo de casa.

A porta abriu devagarzinho, e eles divisaram o motivo das perambulações.

— Amaralina, minha irmã!

Os dois correram e se abraçaram, num choro convulsivo.

— Procurei tanto por você! Pensei que a tivesse perdido!

A menina tentou falar, mas seu pranto impedia.

— Deixe... — falou Adolfo carinhosamente. — Vamos ter com a mãe. Lá explicará calmamente as adversidades por que você passou! — Alguém cutucou-lhe e Adolfo apressou-se em apresentá-lo.

— Amaralina, devemos agradecer e dar hospedagem a essa generosa pessoa que é Agostinho! Ele me serviu de companhia para procurá-la. Até mais do que isso: foi meu guia! Mas vamos andando que a mãe nos espera. E, por falar nela, onde se encontra?

A mocinha, ainda trêmula, tentou explicar ao irmão:

— Quando cheguei, encontrei a casa aberta. Mas da mãe, nem sinal! Acho que foi à nossa procura.

— Deus! Isso não vai acabar nunca?

Amaralina desdobrava-se em soluços.

— Adolfo, fui a causa de tanta aflição e continuo sendo, com o desaparecimento da mãe. Cabe-me ir à sua procura!

— Como você pode pensar que a encontrará por essas ruas tão perigosas? É uma mocinha, mas não é mais inocente quanto ao que pode lhe acontecer! Você sabe que barbaridades podem ser cometidas. Fique aqui com Agostinho, estará em segurança!

O meninote, que não interferira, mas não concordava, manifestou-se ciscando o chão e, meio desajeitado, pediu a palavra:

— Olhe, não entendo bem de família, mas das ruas sei bem! Se quer encontrar sua mãe, tem de me levar. Conheço bem as manhas de quem vive na rua. Poderei ser de muito proveito!

— Se você for, Amaralina ficará sem quem a proteja!

— Sei me cuidar sozinha. Não consegui chegar aqui com minhas próprias pernas?

— Não! Não a deixarei sozinha! Só me falta voltar com a nossa mãe e perdê-la de novo!

— Então, iremos os três! Um protegerá o outro, e todos seremos protegidos por Deus!

— É sensato! Nos ampararemos nele e, por meio de oração, chegaremos ao caminho certo, que é o de encontrar a nossa razão de viver.

Os três deram as mãos, e um pacto foi selado. Unirem-se entre si e ao Senhor! Nem caminhando pelas ruas estreitas se largaram. O contato físico lhes dava forças para seguir adiante.

Quem eles procuravam já estava bem distante, e muito assustada pelo que via e ouvia. Não, sua menina não poderia estar perdida... Mas Adolfo não voltara, o que significava que não encontrara a irmã. A longa espera em casa a sufocava. Ficar ali, como se fosse uma inválida, não traria sua menina de volta. Enrolou-se em panos e foi para rua, em vez de ficar se lamentando. Quando seu marido a colocou na carroça com as crianças, acreditava que ela os manteria a salvo. Estava tão absorta em seus pensamentos que não olhava mais por onde andava, só caminhava...

— Ei, o que esconde atrás de tantos panos? É uma dançarina?

A pobre mulher viu-se rodeada por um grupo de malfeitores e não sabia como sair de situação tão delicada. A luz não chegava onde estava, e, pelo fato de estar de cabeça baixa, os instigava ainda mais.

Eles a rodearam e cutucaram-na, tentando puxar o tecido que lhe cobria o rosto.

— Deixem-na! Já perdi uma hoje, não tenho mais tempo a perder.

Ele era bem conhecido, e todos o temiam. O sangue seco em seus cabelos e seu odor tornavam a figura ainda mais assustadora.

— Vamos, mas, antes, deixe-me ver a beleza que esconde. — Ao puxar os panos e perceber seu engano, o homem encolerizou-se. — Uma velha! Deve ser uma bruxa, vamos amarrá-la! Queimará em uma bela fogueira.

Foi uma algazarra; parecia que estavam sendo convidados para uma festa. A pobre mulher foi arrastada para o centro de uma praça e amarrada num tronco já chamuscado. Ali era o lugar em que muitas barbáries foram cometidas.

A mulher não chorava, não gritava, só orava. Pedia a Deus Todo-poderoso que tivesse misericórdia daqueles homens sem moral ou fé. De olhos fechados, não por medo, mas para a visão não atrapalhar sua oração, pedia que só ela sofresse na carne a maldade daqueles infelizes, que seus filhos se mantivessem a salvo. Apesar das agruras, ela só pensava em seus entes queridos...

Seria melhor se ela sofresse todas as dores, já que não conseguira cumprir bem a missão que lhe fora confiada.

Apesar da hora avançada, aos poucos foram aparecendo mais pessoas que poderiam interferir e acabar com aquela loucura, mas nada elas fizeram, só observavam como se apreciassem um grande espetáculo. Naquela época, as pessoas consideradas bruxas eram sentenciadas e queimadas em praça pública. O que fugia ao entendimento dos grandes senhores era considerado bruxaria. A percepção, a mediunidade que sempre existiu, não era compreendida. Os paranormais eram tidos como loucos. Tudo o que fugia a uma explicação óbvia era considerado loucura.

Aqueles homens nem precisavam de um inquisidor. Tinham dado o veredicto, e a pobre mulher estava subjugada por aqueles seres infames, os quais atraíam para perto si seres desencarnados que se alimentavam da maldade humana!

Agostinho estranhou a quantidade de pessoas que transitavam aquela hora pelas ruas. Iam apressados, quase a correr. Algo estava acontecendo e, em seu íntimo, sabia que era com a mãe daqueles seus novos amigos. Não quis passar sua preocupação a eles. Apesar de sua tenra idade, já tinha vivência suficiente para diferenciar o bem do mal.

— Vamos! Estamos muito vagarosos.

Ele falava e puxava os dois irmãos na direção em que todos se dirigiam. Seu coraçãozinho batia acelerado, pois sabia das maldades cometidas nas madrugadas.

— Agostinho, aonde vão essas pessoas tão apressadas a essa hora?

— Aconteceu alguma coisa e temo que não seja nada bom.

— Será que nossa mãezinha corre perigo?

— Pare, Adolfo! Pare de pensar em coisas lúgubres! Estamos fazendo uma corrente forte, e ela ficará protegida. Não é o que você sempre fala? Que a fé nos dá uma couraça contra os malfeitos?

— Sim, irmã! Perdoe esse seu irmão que vacila em sua fé! Tenho de rezar dobrado, pois pequei, não acreditando no que sempre o pai pregou...

A menina lhe tocou com um gesto afetuoso, consolando-o, já arrependida das palavras dirigidas a ele.

— Vamos nos apressar! É melhor nos separarmos, pois nos dará mais mobilidade.

— Não, continuaremos unidos até encontrarmos quem procuramos...

Amaralina agora já falava com voz chorosa, e foi prontamente amparada pelo irmão. A mãe recebia a corrente de amor a ela dirigida e se fortificava. Entregou naquele momento sua alma a Deus e pediu clemência para aquelas infelizes criaturas.

Gravetos foram colocados aos seus pés, em meio a uma grande gritaria. O homem, que antes mantinha Amaralina em seu poder, atiçava outros a realizarem com ele esse ato desumano.

Quando baixavam a tocha, para o fogo concretizar o que esperavam, uma voz cortou os ares, como uma flecha rápida.

— Parem, seus insanos! Ela é minha mãe. Não se atrevam a fazer o que pensam.

O homem que empunhava a clava chamejante parou por um instante, paralisado por voz tão tocante.

— Quem é você para ordenar alguma coisa? Estamos prestes a queimar o mal, e nada nos impedirá!

Adolfo foi se aproximando devagar, agora solto da corrente, formada com seus companheiros, e falou, dirigindo-se a todos:

— Como podem? É uma barbárie! Somos todos irmãos, filhos de um mesmo Deus. Como podem acusar alguém de bruxaria? Seus corações, sim, deveriam arder na chama da culpa por ato tão indigno! Como podem festejar as dores de outrem? Como podem permitir que tamanho espetáculo se dê? Já pensaram que um de vocês poderia ter vez ali? São inocentes? Não aconteceria? Então contrariem esse homem, carrascos de minha bondosa mãe.

O homem, que pouco se importava no momento com as palavras dirigidas, pegou mais uma vez Amaralina, reconhecendo nela a dançarina que lhe fugira e, mais ainda, a que lhe colocou ao chão e deixando a marca ainda ensangüentada em sua cabeça.

— Largue-me!

Amaralina se debateu, tentando livrar-se daquele ser vil. Agostinho enchia-lhe as canelas de pontapés, que ele parecia não sentir!

Os gritos da menina fizeram com que Adolfo se dirigisse serenamente a ele, pedindo:

— Deixe minha irmã. Pelo pouco que acredita, deixe-a. Você não vai querer que o vejam como um covarde. Ela é uma donzela e merece respeito.Deixe-nos ir. Não acredito que a maldade seja seu guia. Humildemente, imploro-lhe. Senhor, deixe-nos ir.

O homem deu uma gargalhada que fez até o mais infiel dos infiéis estremecer.

— Parece uma franguinha se meterndo debaixo da asa da mãe para não perder o lindo pescoçinho!

Adolfo não revidou, deixou o homem extravasar sua loucura em sua pessoa, só assim Amaralina livrou-se de suas garras e correu para soltar a mãe, sem que os outros a impedissem.

O homem agora só via Adolfo à sua frente. Queria esganá-lo, não sabia bem por que, mas aquele rapazinho o incomodava.

Agostinho tentava ajudar a menina, pois a pobre senhora, vendo seus filhos em perigo, desfaleceu, dificultando sua soltura.

Adolfo queria ir em socorro da sua mãe, mas era afastado pelo fogo, que servia de arma para aquele infeliz.

Quem a tudo assistia agora sentia-se penalizado pela dor visível dos filhos daquela que, com certeza, seria queimada, não por bruxaria, mas por divergência daquele homem com seus filhos.

Um por um foi chegando, fazendo uma parede humana para que a senhora fosse resgatada. Quando o homem se deu conta e viu que ficara só, voltou-se contra eles.

— Covardes! Pensam que podem comigo?

Ninguém ousava responder nem encará-lo, mas não arredavam pé de onde estavam.

Vendo que sozinho nada conseguiria, e temeroso de que os homens se voltassem contra ele, correu para um dos becos, não sem antes ameaçar Adolfo. Ainda concretizaria o que começara!

O rapaz agradeceu os presentes com uma oração e seguiu para casa, carregando em seu colo um fardo de amor e preocupação.

CAPÍTULO

XII

ENCONTRO CARINHOSO

Agostinho, esperto por suas andanças e cabreiro por natureza, logo percebeu que eles estavam sendo seguidos.

— Adolfo, tem um outro lugar para ir, um que não seja sua moradia?

— O que passa por essa cabecinha? Não basta o tempo que ficamos afastados de casa? Você não acha que merecemos um teto, uma boa sopa e um bom descanso? O que lhe preocupa?

— Estamos sendo seguidos... Acho que é aquele homem que quer lhe fazer mal!

— Agostinho, qualquer hora ele poderia seguir um de nós e saber onde nos encontrar. Se tem de ser, que seja agora.

— Não tem medo do que ele possa fazer?

— A ação divina permitiu-nos estar juntos agora e ter salvado quem muito amamos. Confio na proteção divina! Os espíritos protetores nos guiarão a salvo até chegarmos em casa.

O menino olhou-o e pouco entendeu. Quem os protegeria? Estavam sozinhos nas ruas desertas... O menino duvidou da sanidade daquele estranho rapaz. Chegou-se mais a Amaralina, como se pudesse protegê-la de um possível ataque.

Chegaram em casa sem mais acontecimentos. Se os seguiram, eram muito discretos, pois pelo descampado antes da casa ninguém passaria despercebido.

Adolfo colocou a mãe no leito com esmerado cuidado. Amaralina pegou sais aromáticos para fazê-la despertar.

— Deixe-a, irmã. Agora ela dorme o sono dos justos. Nossas orações foram, para ela, como uma canção de ninar. Acomode nosso hóspede, dê-lhe algo que lhe preencha o estômago e vá se deitar. Foi um longo dia... Ficarei aqui velando nossa mãe até que ela desperte.

— Ficarei com você. Vou fazer o que me pediu em relação a Agostinho, mas, de resto, só comerei se você também o fizer.

— Está bem, sua teimosa encantadora. Deixemos quem ressona tranqüilamente e vamos nos sentar à mesa. Agostinho merece esse momento. Aproveitaremos, também, para fazermos uma oração por estarmos aqui sãos e salvos!

O resto da infindável noite transcorreu tranqüilamente. Adolfo, recostado perto do leito da mãe, acabou por sucumbir ao sono, que era mais forte do que a sua vontade.

Despertou com o barulho de pedrinhas jogadas em sua janela. Assustou-se, já esperando ver repetida a cena de dias anteriores. Vagarosamente, para mais ninguém despertar, pois estavam fisicamente e mentalmente extenuados, abriu a porta e teve uma agradável surpresa.

— Você aqui! Como me achou?

— No mercado. A resposta à sua pergunta está no menino que lhe serve. — Era a doce filha de seu antigo patrão, sonho de sua vida.

— Desculpe não fazê-la entrar. Só posso lhe oferecer esse humilde banquinho, companheiro de espera de minha mãezinha.

— Não será preciso, não posso me demorar. Mas fiz bem em vir. Você está muito baqueado... Precisava muito desse trabalho, não é?

— Muito. Mas posso lhe afirmar que muito mais forte foi o motivo que me fez passar quase toda noite em vigília.

— Assusta-me com suas meias palavras! Algo trágico aconteceu à sua família?

— Quase. Por misericórdia divina, estou aqui falando com a Senhorinha!

— Salteadores?

— Homens sem fé, que vivem na ignorância e afastam-se cada vez mais das diretrizes de Deus.

— Magoaram você? Chamam-no de pregador.

— Sou um simples jardineiro, com a missão de proteger as duas únicas pessoas que são a razão de meu viver. Não inculco nada a ninguém. Sou o que sou por acreditar numa razão maior para estarmos aqui. Não somos simples viventes nesta terra. Todos têm uma missão e, para sabê-la, basta usar o coração! A terra é infinita, mas os mistérios, só Ele conhece. — falou o rapaz, apontando para o alto.

— Adolfo, tenho de ir! Poderia ficar aqui horas, dias a ouvi-lo, mas temo que meu pai perceba minha demora e mande alguém nos procurar. Olhando da janela de meu quarto, vi que a casa vizinha precisa de quem cuide dos extensos jardins. Falei com o morador e soube que precisam de um jardineiro. Vá até lá, já falei de você, com certeza o esperam.

— Você é como um raio de sol! Aparece para nos aquecer quando mais precisamos...

A mocinha riu meio sem graça, exclamando na despedida:

— Não sou nada disso! Sou até um pouco egoísta por pensar em mim primeiro... Não falei que vejo o jardim de minha janela? Se você trabalhar lá...

Ela se foi, deixando Adolfo ainda sem absorver bem o significado de tão doces palavras.

CAPÍTULO

XIII

HARMONIA

Com tantas idas e vindas em procuras, esquecera que perdera o ganha-pão da família. Quando a mãe despertasse, a deixaria aos cuidados de Agostinho e Amaralina e iria ver esse trabalho.

Um cheirinho agradável chegou até ele, mostrando que mais alguém acordara — com certeza Amaralina.

Entrou em casa ainda extasiado pela visita e teve mais uma agradável surpresa.

— Mãe! Não devia ter saído do leito...

O rapaz foi até ela e ficaram abraçados em silêncio. Só as mãos se moviam em carinhos mútuos, querendo certificar a realidade do momento.

— Mãezinha, desculpe aqueles homens...

A mãe colocou sua mão em seus lábios, pedindo que se calasse.

— A noite passada não aconteceu. Vamos dar graças ao dia que amanheceu e nos encontrou sob o mesmo teto.

— Faremos assim, mãe! Você é sábia; o que passou, passou.

— Temos um pequeno hóspede, de quem se trata?

— Uma boa alma! Encontrei-o quando procurava por minha irmã. Ajudou-me a andar pelos becos perigosos. Não tem família nem abrigo, então pensei...

— Claro, filho! Fez bem. Você é uma boa alma! Me lembra tanto seu pai...

— Mãe, não se entristeça. Olhe, o dia ainda nem começou e já nos chegaram boas novas!

— Quem as trouxe? Foi aquele lindo pássaro que estava a lhe falar?

— A filha do meu antigo patrão.

— Você ficou impressionado com razão. Observava-os pela fresta da janela e senti que havia no ar mais do que o vento, que soprava leve nas folhas das árvores.

— Ela quer apenas me ajudar. Falou-me de um possível trabalho. É uma boa moça, justa, que se condoeu com o feito daquele malfadado homem, que não teve dó em destruir a criação de Deus!

— Talvez, filho. Talvez seja só isso.

— Lembra quando você me falou que vivemos em mundos diferentes? Que não era para eu ter nenhuma ilusão quanto a ela?

— Errei, filho. O que sabemos nós dos desígnios de Deus? Se ela estiver em seu caminho para ser sua companheira nesta pequena viagem, rogo aos céus que não passem por caminhos de espinhos.

— Mãezinha, no momento minha preocupação é conseguir esse trabalho, para continuar provendo minha família. Ainda tenho contas a acertar com o antigo patrão, e esse dinheiro virá em boa hora. Nossas provisões estão acabando e não quero que as coisas primordiais faltem neste lar. Deixe Amaralina despertar e irei fazer as duas coisas que por hora resolverão parte de nossos problemas!

— Já pode ir se quiser. Estava desperta havia algum tempo, mas não quis interromper o diálogo de vocês. Então a mocinha está encantada pelo meu irmãozinho?

Amaralina deu uma risada que transbordou a casa em alegria, afastando de lá pensamentos funestos.

O rapaz, pego de surpresa, não conseguiu disfarçar bem sua emoção.

— É ainda uma criança, tem a cabeça cheia de fantasias, de príncipes e princesas que virão transformar nossa humilde morada em suntuosos castelos.

Amaralina não se deu por vencida, abraçou o irmão, o rosto ainda iluminado por seu franco sorriso, e fez o rapaz rodopiar, envolvendo-o em seu abraço.

— Você é um príncipe! Lembra quando era pequeno e o papai o chamava assim?

— Sim. Príncipe da floresta mágica... Ele dizia que a natureza tem uma magia que pode transformar tudo. É um reino onde os habitantes são nobres por natureza.

A mãe dos moços sentou-se para escutar as doces lembranças. Ao perceber, Adolfo afastou-se da irmã e foi abraçar aquela que vivia amarrada a muita saudade.

— Mãe, não fique assim; sei que a noite de ontem foi difícil.

Ela não o deixou terminar. Fez sinal para que se calasse e apertou-o contra o peito, deixando sair um suspiro que estava preso, assim como suas lembranças.

Agostinho a tudo assistia parado a soleira da porta, mas logo foi percebido por Adolfo.

— Achegue-se, Agostinho! Venha tomar seu desjejum!

— Meu o quê?

A expressão do meninote fez com que até aquela cansada senhora acompanhasse os filhos em espontâneas gargalhadas.

O menino ficou ressabiado. Nunca convivera com pessoas tão felizes, apesar de terem de passar pelos infortúnios que a vida lhes pregara. Era para estarem chorando, maldizendo o mundo, e ali estavam, como se nada tivesse acontecido. Será que eram insanos?

O menino mal teve tempo de se perguntar, pois Amaralina lhe puxou pelas mãos e o colocou sentado diante daquela mesa simples, mas que para ele parecia conter um lauto banquete.

— Agradeço-lhe por ter sido o anjo que guiou meu filho em segurança por caminhos desconhecidos dele.

— Vivo nas ruas desde pequeno; conheço cada pedra desses caminhos, que levam a todos os lugares.

Adolfo riu da colocação do menino.

— Vive nas ruas desde pequeno? Ainda é pequeno!

O menino ajeitou-se melhor no lugar onde estava, pois agora sentia-se mais confortável.

— Agostinho, se é essa figura importante que diz ser, deixarei aos seus cuidados meus dois amores. Não devo me demorar, mas, se isso acontecer, quero que me prometa que não irá no meu encalço. Estarei bem. Tenho muito a resolver e irei tranqüilo, sabendo que ficará aqui.

O menino estufou o peito e sentiu-se como o rapaz o havia qualificado.

— Podes ter certeza de que não arredarei pé daqui. Ficarei como uma sombra a cuidar delas. Se algo acontecer, dou minha vida em troca da delas!

Foi uma gargalhada geral. O menino fazia pose; parecia que estava prestes a enfrentar o mais terrível dos dragões

Adolfo despediu-se, levando consigo as sonoras gargalhadas que pareciam o sol aquecendo a modesta mas feliz moradia. Os acontecimentos anteriores estavam sendo esquecidos.

CAPÍTULO

XIV

NOVAS PERSPECTIVAS

dolfo seguiu com passos firmes, na certeza de que aquele seria um dia melhor. Seu amado e inesquecível pai lhe falava assim; e, apesar das lembranças dolorosas, seguia à risca seus ensinamentos.

Tudo saiu a contento. Realmente, como disseram, o jardim estava em um estado lastimável. Já no ranger dos portões sentiu como seria útil naquela moradia.

Acertou os detalhes com um rapazote, que pareceu não saber bem que ordens lhe daria.

— Meu pai está adoentado — disse ele, nervoso, esfregando as mãos em gesto de aflição. — Minha mãe está tomada pela cegueira e não pode ver o jardim, que ela cuidava com tanto esmero, em tamanho abandono. Vou logo lhe falando que não poderemos lhe pagar muito, mas o que pedires, se estiver dentro do possível, receberá regiamente.

Adolfo teve dó do rapazola.

— Sabe se existe nos arredores mais alguma casa com jardins precisando de cuidados?

— Se andar uns dez passos à sua direita, encontrará trabalho. Lamento que não possa trabalhar aqui. Nesse lugar que lhe indico receberá um bom ganho. São pessoas com muitos bens.

O rapaz agradeceu e abriu o portão para dar passagem a Adolfo. Este segurou a mão do jovem e falou-lhe com um sorriso franco nos lábios:

— Você não me entendeu bem. Aceito o serviço, e, se me permitires, começarei a trabalhar imediatamente. Vou aonde me indicou, e, se pagarem como me contou, trabalharei aqui amparado pelo que vou ganhar na outra casa.

O rapaz parecia não entender.

— Vai trabalhar para nós, e os outros lhe pagarão?

— Não. Aqui doarei meu tempo, e lá conseguirei o sustento para minha família. Precisam de quem lhes ajude; e eu preciso prover minha família, já que sou responsável por ela. Vou agora mesmo ver se consigo esse trabalho, e dividirei meu tempo entre as duas casas.

Adolfo passou por ele, e o rapaz o reteve:

— Por que você faria isso? Quem trabalha tem de receber por isso.

— Sou pago regiamente pelo Altíssimo! Tenho em casa me esperando duas pessoas maravilhosas, que transbordam amor e são a razão do meu viver. Volto logo. Mesmo que não consiga o que espero, voltarei para trabalhar.

O rapazote ficou sem fala. Que ser estranho era aquele, que se comportava de maneira diferente de todos que conhecia?

Sentou-se e ficou esperando. Não tardou muito Adolfo voltou, cantarolando e chutando pedrinhas como quisesse lançá-las aos céus. Havia conseguido o emprego na outra casa e contou como foi sua entrevista.

— Parecia que esperavam por mim naquela suntuosa mansão — disse Adolfo entusiasmado. — Os jardins estavam bem cuidados, mas quem trabalhava com tanto esmero havia falecido. Eles esperavam alguém indicado, que com certeza não era eu. Contudo, ao ver o tão bem tratado jardim, elogiei-o com sinceridade. Foi elogiando e dando os nomes de todas as plantas que circundavam a casa que consegui o emprego. Sem querer, mostrei que entendia bem do ofício.

E, assim, tudo ficou acertado. A sinceridade de Adolfo impressionou seu novo patrão. Ele gostava de quem lhe falava e não desviava o olhar. Gostava da postura e da firmeza de sua voz. Que começasse no dia seguinte, logo nas primeiras horas da manhã, o que dizia entender tão bem. Seria bem pago pelo serviço prestado. Os jardins daquela casa eram como flores a enfeitar o coração de sua dona. Até esquecera as atrocidades por que sua família passara na véspera. O sol brilhava e aquecia a terra. Era um novo amanhecer em sua vida e, com certeza, boas novas ainda estavam por vir.

— Fico feliz por você — disse o rapazote. — Vamos agora ao serviço?

Adolfo trabalhou com afinco, sempre com o olhar do rapazote grudado em seus afazeres. De vez em quando, alguém o chamava; ele corria pra atender, mas logo voltava, como se tivesse largado serviço por fazer. O jovem parecia ser uma pessoa solitária, apesar de Adolfo saber que outras pessoas residiam naquela casa grande e austera.

Como Adolfo não era de muita conversa enquanto se concentrava em seu serviço, esquecia-se de quem lhe ficava observando. Trabalhou com afinco até escutar cinco badaladas. Estava suado, e só então se deu conta que seu estômago doía, que estava só com o café-da-manhã. Nutrira-se com o trabalho e nem percebera como as horas correram. Teria de parar. Recomeçaria no dia seguinte, depois que trabalhasse na casa quase ao lado. Guardou os apetrechos de trabalho, despediu-se do rapazote e foi até a casa de Demétrio, o antigo patrão, receber o que lhe era devido.

CAPÍTULO

XV

ACERTO DE CONTAS

Ao se aproximar do portão principal, avistou quem com certeza não ficaria contente em recebê-lo.

Esperou segurando nas grades e aproveitou o breve instante para orar e pedir forças para o momento que, com ajuda dos bons espíritos, seria mais fácil de resolver. Sabia o quanto era pesada a caminhada daquele homem, que andava sempre acompanhado de seu cutelo ameaçador, — o que o tornava ainda mais ameaçador em todas as atitudes.

O cozinheiro, vendo quem o esperava, com certeza querendo entrar, adiantou-se, antes que a menina que agora se metia em tudo fizesse graça para quem ele teria muito gosto em colocar para correr.

— Posso saber por que vem?

— Tenho dias de trabalho para receber. Por favor, fale ao senhor Demétrio que estou aqui para isso.

— Receber? Quer a conta dos estragos feitos nos jardins? Vou agora mesmo buscar as contas do mercado e, como você exala virtudes, não hesitará em pagá-las!

O homem deu as costas a Adolfo como se fosse fazer o dito, e Adolfo não se conteve:

— Por que me quer tão mal? O que lhe fiz sem saber que ainda não me perdoou? Senhor, preciso desse dinheiro... Tenho de dar sustento a duas pessoas. Duas não, três! Elas precisam desse pouco que ainda tenho a receber daqui.

O homem virou-se enraivecido, exclamando com fúria, ameaçando o rapaz com aquilo que lhe pesava na mão:

— É surdo? Há tempos pensei-o mudo, mas vejo agora que me enganei. Deve ser bem surdo para não escutar o que acabei de lhe falar!

— O que está acontecendo aqui?

O cozinheiro virou-se de supetão e deu de encontro com quem não gostaria que estivesse ali naquele momento: seu patrão.

— Senhor, este rapaz inconveniente acha que tem algo a receber do senhor; mas já lhe falei dos estragos. Se alguém tem algo a pagar, esse alguém com certeza é ele!

— Pai!

Com o chamado da menina, fez-se um silêncio profundo.

— Filha, estou ocupado agora, resolvendo uma questão.

— É sobre isso que quero lhe falar.

— Senhor, mocinhas não devem interferir em assuntos que dizem respeito a empregadores e empregados.

O homem, coitado, tendo como sábias as palavras daquele enganoso homem, dirigiu-se a filha, fazendo sinal que se fosse dali.

Intimamente, o rapaz agradeceu. Ela já havia feito muito por ele, não gostaria que, por sua causa, se indispusesse com o pai.

— Bem, se temos contas a acertar, é melhor que ele entre! Não fica bem ficarmos especulando aqui no portão.

O cozinheiro, cujo nome era Aurélio, sentiu-se desconfortável. Não queria aquele fracote explicando-se demais com seu patrão.

— Senhor, sou muito bem pago para resolver questões com empregados, poupando-lhe de aborrecimentos desnecessários.

As palavras tão bem colocadas, e ditas com aparente serenidade, fizeram com que Demétrio até achasse que estava tirando daquele homem que tão bem lhe servia a autoridade.

— Tem razão. Encontro-me mesmo indisposto. Tenho sorte em tê-lo como meu braço direito. Resolva a questão da melhor maneira, e que ninguém saia prejudicado.

Demétrio voltou-se em direção a casa e não pode ver no rosto daquele homem desenhar-se um sorriso sarcástico.

Adolfo estava em paz. Sabia que não estava só. Tinha confiança em dias melhores, e nada que aquele homem fizesse lhe faria mal.

— Entre. Não deve ficar aí, como cachorro sem dono, a esperar que lhe joguem um naco de carne.

A ofensa não lhe atingiu. Tinha pena daquele ser, e continuaria pedindo por ele em suas orações.

— Por que esse olhar de piedade? Não está com raiva? É sonso...

— Senhor, se puder fazer as contas do que me cabe, ficarei agradecido.

— Vamos ver, vamos ver... Novas sementes tiveram de ser compradas, por causa do estrago. A terra teve de ser novamente adubada para fazer a germinação, tem o custo desse trabalho... Bem...

O homem parou de falar e colocou na mão do rapaz umas poucas moedas.

— Só isso? Deve estar enganado...

— Percebe que está me ofendendo? Quer dizer que não sei fazer contas?

O rapaz recolheu as migalhas que lhe foram atiradas e encaminhou-se de volta ao portão de saída. Ainda escutou algumas palavras que lhe entristeceram.

— Uma moeda, não devia lhe ter dado! Terei de jogar a preciosa água que temos pra limpar o caminho traçado por você.

Adolfo foi para casa apressado, fazendo tilintar em seu bolso a desonestidade de um homem sem pudor.

Hesitou em seus passos e foi até o mercado. Perambulou até achar o que transformaria uma ração.

Retomou o caminho e foi efusivamente saudado por aqueles que já o esperavam fora de casa.

CAPÍTULO

XVI

TRABALHO E AMIZADE

A irmã correu a abraçá-lo, a mãe esperava-lhe com braços abertos, e o mais novo integrante da família correu em sua direção, mas estancou ao ver Amaralina aninhada em seus braços. Ele não pertencia àquela família e deu-se conta disso.

Não teve muito tempo para se isolar em seus pensamentos.

— Agostinho! Ajude-me, que Amaralina fará um grande estrago em meus pacotes.

O menino correu a ajudá-lo, agora com um largo sorriso desenhado naquele rosto infantil, mas já sofrido.

Parecia que não se viam havia muito. Todos falavam ao mesmo tempo. A mãe, querendo saber do que se alimentara, Amaralina querendo notícias de como teria sido o primeiro dia no novo trabalho e Agostinho contando como tomara conta das duas jóias preciosas que ficaram sob sua guarda.

— Calma! Um de cada vez! Mãe, a senhora, por direito, tem a palavra.

— Filho, até esqueci o que antes lhe perguntava. Está aqui conosco, e sou grata por isso. Mas o que carrega de tão precioso que temia os estragos feitos por Amaralina?

— Sementes! Sementes de diferentes espécies. Não sou jardineiro? Farei ao redor de nossa casa um lindo jardim. As flores poderão ser colhidas para dar alegria à nossa casa, como também as venderemos no mercado para ajudar no sustento da família.

— Filho, já trabalha tanto... Que tempo terá para se ocupar disso?

— O tempo que Deus me dará. E já tenho um ajudante e futuro aprendiz. Agostinho, quer aprender a mexer a terra e ajudar a natureza a descortinar o que tem de mais belo?

O menino ficou sem fala. Será que estava entendendo direito? Adolfo estava lhe convidando para trabalhar com ele?

Amaralina correu até ele e fê-lo girar, tomando-lhe as mãos, iniciando um doce bailado, como o das folhas que caíam das árvores, sacudidas pelo vento da tarde.

— Amaralina, esse seu jeito brejeiro irá enlouquecer Agostinho!

Enfim, a alegria reinava. As poucas moedas seriam sementes a florir a terra tão desprovida de beleza, harmonia e coloridos.Ficaram a confabular até tarde, em volta da mesa posta, com uma fumegante sopa. Depois, rodeando aquela matriarca, contaram as histórias que nunca seriam esquecidas, as de um grande jardineiro. Mais tarde, já recolhidos, continuaram a conversar, mesmo quando já estavam meio adormecidos. O sol raiou, aquecendo a casa e espantando o friozinho deixado pelo ar da manhã.

Adolfo despertou num pulo. Um cheiro bom tomou conta da casa e tocou uma sineta em seu estômago.

— Mãe, por que não me acordou? Tenho agora dois trabalhos, e o dia será curto se me atrasar.

A boa mulher envolveu-o em seus braços, acariciando seus encaracolados cabelos.

— Filho, estavas tão sereno que pensei: deve estar sonhando com uma linda princesa.

— Mãe, não há princesa. Tenho, sim, um jardim para conservar e outro para transformar.

O rapaz apressadamente trocou as vestimentas e já ia sair sem sossegar a fome, que gritava dentro de seu corpo.

— Filho, começará o dia mal se ficar em jejum! Um minuto agora não fará diferença na sua chegada ao trabalho, mas com certeza fará em seu corpo. Preparei-lhe uma merenda. Entre um serviço e outro terá de se alimentar. Lembra das flores? Se não lhes der o tratamento ideal, elas murcharão de inanição. Quer o mesmo?

Adolfo riu da comparação. Quem era ele para discutir com tão pessoa sábia?

— Tem razão. O que começa correndo poderá continuar sendo um dia atribulado. Sabe, mãe, nessa correria nem fiz minhas orações. Mas não se preocupe, desse alimento não abrirei mão.

E lá se foi ele mais sossegado, deixando explicações para que a terra começasse a ser revirada por Agostinho.

Com um pequeno embrulho debaixo do braço, e o coração exultando de alegria pela família que tinha, Adolfo começou sua oração do dia, agradecendo a dádiva de tê-la. Junto com a oração ele saudava o dia, as pessoas que por ele passavam, as árvores centenárias e o cheirinho de terra molhada que marcava seus passos, deixando um rastro em seu caminho.

Passou pela primeira casa e viu que já lhe esperavam. O rapazote, ainda atrás do alto portão, indagou-o:

— Vai primeiro para a rica mansão?

— Vou começar por onde me tomará menos tempo. Ao meio-dia estarei de volta, sem hora certa de retornar à minha casa!

Acenou-lhe com certo pesar. Gostaria de ficar mais tempo com aquele rapazote. Algo nele passava uma certa tristeza. Parecia mais abandonado que Agostinho, que vivia solto, a perambular pelas ruas desertas e perigosas.

Com esse pensamento chegou a casa quase sem perceber.

— Está atrasado! Meu patrão prima pelos horários!

Adolfo foi pego de surpresa. Estava deveras atrasado.

— Sinto muito, senhor. Compensarei essa falta me esmerando no serviço.

— Vamos lá! Se ficarmos em desculpas, o dia passará e nada será feito! No barracão encontrará o necessário para o serviço. Se precisar de algo mais, tem uma campainha perto da porta, é só tocar.

Adolfo agradeceu ao homem e foi cuidar dos seus encargos. Se concentrou no trabalho e, como num passe de mágica, escutou as doze badaladas.

Já ia largar o trabalho quando escutou passos e uma voz, repreendendo-o:

— Já terminou por hoje? Meu patrão não ficará nada satisfeito! Quem antes cuidava dos jardins, saía daqui com a tarde já caindo.

— Senhor, tenho outro jardim para cuidar. Se olhar com atenção o serviço feito hoje, verá que foi compensador. O jardim está regado, adubado, e as flores e folhas mortas foram retiradas e armazenadas; mas, se achares que ainda tenho algo a fazer por hoje, o farei com gosto.

O homem, com as duas mãos para trás do corpo, passeou pelo jardim dando voltas, como se estivesse examinando.

— Tem razão! Serviço perfeito, e rápido! Não tenho do que me queixar, mas veja se amanhã o atraso não mancha o bom serviço.

Adolfo agradeceu e correu para a casa vizinha. Estava no horário combinado, e já o esperavam ansiosamente. Ia pegar os apetrechos de trabalho quando lembrou do farnel que carregava. Sentou-se num banco de pedra, ainda sob o olhar do rapazote. Assim que desfez o embrulho, o cheirinho do que sua mãe preparara com tanto desvelo espalhou-se pelo ar. Adolfo sentiu olhos pregados nele e no que tinha em suas mãos.

— Quer repartir comigo esta merenda?

O rapaz, meio sem jeito, recusou com a mão, mas deixou perceber que gostaria de participar de tão cheiroso banquete.

— Venha, é simples, mas minha mãe tem mãos de fada para assados! Ela exagerou e dará para nós dois, se não se incomodar em repartir o pão com um amigo.

A palavra "amigo" foi como uma chave para o coração do rapaz. Ele abriu um largo sorriso e foi sentar-se ao lado de Adolfo.

— Sabe, não agüento mais as sopas preparadas em minha casa. Sei que caldo de legumes fortalece, e é por isso que é parte nas refeições. Mas sinto falta de algo diferente. O que você trouxe tem um cheirinho delicioso. Será que não lhe fará falta? E se mais tarde tiver fome?

Adolfo riu da enxurrada de perguntas. O rapaz parecia nem respirar.

— Se trouxer água, essa merenda se transformará num lauto banquete; e, não se preocupe, minha mãezinha me espera com a mesa posta e as panelas fumegantes.

O rapaz foi buscar a água e logo estava a se deliciar com o que fora tão carinhosamente preparado.

O trabalho árduo tornou-se leve depois daquela parada.

Adolfo revirava a terra com força e gosto, ainda sob um olhar curioso do rapaz.

— Quem o ensinou a mexer com as flores tão delicadas?

— Meu pai.

— Ele deve ser um grande homem, pois sabe o valor da natureza.

— Aprecia a natureza?

— Sou como minha mãe, gosto do que é belo. Mas, até hoje, só aprendi a apreciá-la.

— Gostaria de lidar com a terra? De aprender a semear?

— Você me ensinaria?

— Se não houver objeção... Terá de sujar as mãos e, possivelmente, seus sapatos e roupa. Terá liberdade para tal?

— Sou livre para fazer o que quiser. Cansei-me dos livros que tenho; já os li numerosas vezes e não tenho como adquirir outros. Meu pai, quando estava com toda força e saúde, viajava muito e me trazia diversos livros que compõem uma vasta biblioteca. Contudo, já os li e reli.

— Não estuda?

— Tive ensinamentos do meu pai. Então, vai me ensinar?

— Para começar, é melhor que mude seus trajes.

O rapaz nem deixou Adolfo terminar, correu para casa e logo estava de volta, com roupas parecidas com as dos serviçais.

O dia, que começou apressado, terminou com serenidade.

CAPÍTULO

XVII

MOMENTOS DE TENSÃO

De volta a casa, ainda cantarolando, do mesmo jeito que trabalhara ensinando o rapazote, Adolfo deu de cara com uma cena digna de pintores: lá estavam Amaralina, Agostinho e sua mãe trabalhando a terra. O colorido das roupas, a posição imposta pelo trabalho e a diferença de idade compunham um belo quadro.

Assim passaram-se os dias, com trabalhos intermináveis. Agostinho parecia sempre ter feito parte daquela família, mas, às vezes, Adolfo o pegava espreitando pela janela ou virando-se assustado, como se alguém estivesse a espiá-lo.

A família o aceitou sem interrogá-lo; se quisesse falar sobre sua ainda iniciada vida, o faria por conta própria. Adolfo, contudo, se perguntava como um menino como ele vivia nas ruas sujeito a perigos tão iminentes. À noite, quando estavam reunidos naquele banco improvisado à porta de casa, muitas conversas se misturavam. Até que um dia Amaralina, querendo talvez saciar sua curiosidade, perguntou ao menino onde vivia antes de ganhar as ruas.

— Não me lembro... — foi a resposta evasiva que ele deu.

O silêncio pairou por um momento, e logo a mãe, sábia como sempre, falou sobre o jardim que estava para dar as primeiras flores.

Quando Adolfo se recolhia para dar descanso a seu corpo, sua mente e seu coração trabalhavam aceleradamente por pensamentos e sentimentos graças a um objeto que estava nas suas mãos: uma presilha de cabelos de sua amada.

No dia seguinte, tudo estava caminhando normalmente, o serviço bem distribuído entre as duas casas, até que Julian (esse era o nome do rapazote) apontou para uma janela bem conhecida de Adolfo, exclamando como um menestrel apaixonado:

— Vê aquela musa que se debruça para nos olhar? Parece uma princesa na sacada à espera de quem venha lhe salvar!

Ele falava como se estivesse cantando, e surpreendeu Adolfo com seu jeito extrovertido.

— Você a conhece?

— É a filha do Demétrio! Homem poderoso, que mantém em sua casa empregados que afastam quem queira chegar perto dessa diva.

— Já tentou?

— Não, mas escuto o que falam nas ruas. Ela vive como uma prisioneira.

— Você está imaginando coisas que não existem. Foi ela quem me falou que aqui precisavam de quem cuidasse do jardim. Trabalhei naquela casa, não lhe falei?

— Não, você não me contou, deve ter esquecido. Então você a conhece bem! Já falou com ela?

— Por que tanto interesse? Preocupa-se com ela?

— Preocupo-me com meu coração.

O rapaz parou de falar, como se já o tivesse feito em demasia. Nunca falara tanto com Adolfo, e esse estava muito surpreendido e assustado. Que intenções aquele rapazote teria com a moça de seus sonhos?

— Você se calou, acho que o aborreci. Em vez de me dedicar ao que me ensina, fiquei cantarolando o que devia deixar guardado só para mim.

Adolfo não respondeu, continuou a trabalhar meio escabreado por ter ao seu lado um rival. Estava concentrado no trabalho quando o rapaz o alertou de novo:

— Estão nos acenando. É a moça que acabei de lhe falar! Veja, está sacudindo aquele pano para chamar a nossa atenção. Será que está em perigo?

Quando ele falou em possíveis perigos o coração quase lhe saltou pela garganta. Adolfo largou a ferramenta de trabalho, tirou a camisa e sacudiu-a em resposta.

— Julian, tenho de ir até lá!

— Como sabe que é você que ela chama? Vou com você: se ela estiver em perigo, dois, unindo as forças, farão mais bem do que um sem ninguém a lhe guardar as costas!

— Não haverá violência. Ela deve estar querendo me falar sobre os serviços que prestava em sua casa.

— Não tem lógica! Não quer que eu vá? Pensa que sou um fracote? Sei muito sobre lutas. — Não haverá luta. Espere-me aqui e logo lhe darei notícias.

Não adiantou. Adolfo não conseguiu convencê-lo e, se o rapaz tivesse razão, estavam se demorando em discussões.

Saíram os dois, calados e apressados. Logo estavam diante do grande portão. Não demorou e quem parecia estar sempre de guarda apareceu. O mesmo cozinheiro.

— Afastem-se deste portão! A esmola que seria dada hoje já foi distribuída a mendigos iguais a vocês!

O rapaz ia replicar, mas Adolfo tocou-lhe o braço, impedindo-o.

— Vamos. Fomos tolos em pensar que teríamos livre acesso a ela.

— Que faremos? — Perguntou o rapaz, agora mais calmo.

— Esperaremos, mas vamos tentar ficar longe das vistas de Aurélio.

— De quem?

— Do homem que nos falou há pouco. Ele com certeza me reconheceu, mas você, com estas vestes, parece mesmo o que ele disse!

Apesar da preocupação do momento, Adolfo fez o rapaz rir da própria figura.

— Querendo salvá-la, esqueci as vestimentas rotas que trajava. Espere-me, mas não saia daqui! Vou até minha casa, pois não quero que minha princesa me veja andrajoso.

— Você parece um trabalhador com essas roupas.

— Sei disso, mas não quero me apresentar desse jeito. Espere-me, que logo voltarei.

O rapaz foi falando e se distanciando com passos apressados. Assim que ele se afastou, a preocupação voltou a marcar a testa de Adolfo.

Esperou um quarto de hora. Nem Julian voltava nem aparecia ninguém no pátio da casa.

Adolfo catou umas pedrinhas e fez com que voassem em direção à janela de onde por muitas vezes sentiu-se observado. Ele rezava para que só ela escutasse os baques. Não se demorou e na janela aberta desenhou-se, como na moldura de um quadro, o motivo de tanta aflição. Assim que a viu, Adolfo saiu de seu esconderijo e fez sinal, mostrando que a aguardava. Não demorou e os portões foram abertos para dar passagem a duas pessoas, que passavam sem pressa.

O homem que tornou a fechar o portão falou algo, mas foi inaudível para o rapaz. Ele deixou as duas se afastarem da casa e, sempre as seguindo, com certeza guiado pela mocinha, distanciaram-se do lugar onde prometera a Julian que esperaria.

Numa das curvas onde as duas desapareceram, Adolfo apressou seus passos e quase deu de encontro com quem lhe esperava.

— Desculpe, pensei que as perderia de vista.

Adolfo ficou meio desconcertado pela presença de quem a acompanhava, a qual o olhava com curiosidade.

A mocinha fez sinal e os dois ficaram a sós.

— Fiquei assustado. Era mesmo a mim que chamava?

Ele nem acabara de falar, e ela já vertia lágrimas.

— Meu pai está adormecido há dois dias. Aurélio diz que ele descansa e não precisa de cuidados profissionais. Sinto-o fraco. Por favor, ajude-nos!

— Que posso eu fazer, se ele proíbe minha entrada em sua casa?

— Você é um pregador. Meu pai precisa de quem ore por ele.

— Você não o faz?

— Não tenho tido forças, só consigo chorar.

O rapaz ficou pensativo e sentiu a tristeza de quem lhe falava.

— Sei que Aurélio gosta de beber à noite. Depois da carraspana ele dorme a sono solto. Você teria medo de me abrir os portões?

— E os outros serviçais?

— Tem de manter cautela. Abrirá o portão e se afastará. Sei o caminho, mas quando estiver na casa preciso que me guie até o quarto. Peça ajuda a quem lhe faz companhia; ela, com certeza, não lhe negará.

— Mas e se ficar muito tarde? Não será perigoso retornar a sua casa?

— Não se preocupe. Irei até lá e trarei uma importante companhia. Não tema, acredite numa força superior que ampara os filhos de fé. Agora tenho de voltar, pois Julian deve estar me esperando.

— É o rapaz da casa ao lado, onde trabalhas, não é?

— Conhece-o bem?

— Um pouco. Só através da janela. Parece um ser solitário.

O coração de Adolfo disparou. Então, Julian a impressionara. Despediu-se acertando os detalhes, e foi em busca de quem já o esperava, arrancando os próprios cabelos.

CAPÍTULO

XVIII

PEDIDO DE AJUDA

— Adolfo! Onde você foi? Não é na casa que está quem precisa de salvação?

— Você está certo. Alguém precisa ser salvo, mas não é quem você pensa.

— Você está misterioso. Sabe de alguma coisa?

O rapaz titubeou e achou melhor omitir o que poderia ser perigoso.

— Não. Fiquei observando e não notei nenhum movimento; então, fui até o mercado buscar umas sementes.

— Onde estão? Não carrega nada...

— Não achei o que queria. Vamos! Com certeza ela só estava nos acenando em confraternização.

Os dois voltaram para lida com pensamentos diferentes. Logo Julian desistiu daquilo que lhe impedia de ficar olhando para a janela. Sentou-se e ganhou um olhar distante.

Adolfo, por sua vez, tinha pressa de chegar em casa. Terminou o serviço e deu o dia de trabalho por encerrado.

— Já vai? Você está fora do seu horário.

— Tenho algo a resolver, mas amanhã ficarei até mais tarde.

Adolfo despediu-se olhando de esguelha para o lugar de onde Julian não desgrudava os olhos nem para lhe falar.

Chegou em casa, reuniu a pequena família e narrou os fatos. Todos queriam ir em sua companhia.

— Mãe, não tem razão de ir junto, como também Amaralina. Agostinho é astuto, ficará de vigia. Temo que algo muito grave esteja acontecendo. A vida de Demétrio está se esvaindo...

A mãe abraçou-o, temendo por sua segurança.

Quando a noite desceu, os dois se puseram a caminho. Quando chegaram perto da casa, Agostinho diminuiu os passos.

— Qual é mesmo o nome do dono da casa?

— Demétrio.

O rapazote vacilou e estancou.

— Conhece-o?

— Não, não! Mas vou ficar por aqui. Se precisar, dê um assobio.

— Está temeroso de que algo nos aconteça? Oremos, então, pedindo a proteção de Deus.

Agostinho ia falar algo, mas foi impedido pela oração de Adolfo.

— Vamos?

O rapazote seguiu-o, mas não quis se aproximar do portão.

— Venha, Agostinho. Veja! O portão só está encostado, Aurélio deve estar embriagado como sempre. Pobre ser. Vive uma vida de vícios e pecados. Pobre alma.

O rapazote continuou parado, mostrando que não iria segui-lo; Adolfo pela primeira vez viu o medo em seus olhos.

— Está bem, se sente que é melhor ficar aqui, pode ficar. Eu irei só. Fique de olhos bem abertos. Vê aquela porta de entrada pra casa? Se Aurélio despertar da carraspana, entrará por ali. Dê dois assobios e saberei que algo anormal aconteceu.

Agostinho aproximou-se e deu um forte abraço em Adolfo, como se estivesse se despedindo.

— Calma, rapaz. Estarei de volta num piscar de olhos.

Adolfo desapareceu na escuridão criada pelas sombras das árvores e embrenhou-se nos jardins, os quais ele conhecia palmo a palmo. Ficou esperando. A demora já o angustiava. Será que a doce menina adormeceu pensando que ele desistira? Esperou, esperou, contendo mesmo um respirar mais forte. De repente, um forte arrastar de pés e uma tosse rouca colocou-o de sobreaviso. Dois assobios alertaram-lhe ainda mais.

Os passos se aproximaram, passaram por ele e foram em direção ao portão.

— Quem está aí? Se for uma coruja, vou parti-la em dois pedaços e servi-la na primeira refeição do dia.

A voz estava meio embargada, mostrando o estado de embriaguez.

Adolfo rezava para que ele não percebesse o portão encostado. Um silêncio se fez, e logo as passadas mostraram que ele retornava sem perceber nada. Adolfo esperou mais um tempo e aproximou-se um pouco mais da entrada da casa. Um vulto fê-lo se adiantar e, escorando-se nas paredes, chegou até ele.

— Adolfo! Pensei que tivesse nos esquecido. Venha, Aurélio voltou a dormir!

Ela segurou a mão do rapaz para conduzi-lo em segurança; o coração dele quase saltou do peito.

Ele orou, pedindo total integração à missão.

Quando entrou no quarto de Demétrio, sentiu a tristeza que pairava no ar. O homem, estirado no leito, estava pálido, parecendo um corpo sem alma.

PLANTANDO O AMOR

Uma claridade tênue pairava sobre a cama. Adolfo posicionou-se e colocou a mão sobre a testa daquele homem infeliz. Pediu permissão e auxílio aos espíritos iluminados para que eles, em nome do Senhor, o auxiliassem naquela difícil missão de trazer a vida espiritual pra aquele ser totalmente despido de fé.

Adolfo retirou de suas vestes o livro de oração que pertencera a seu pai e envolveu aquele homem em poderosas preces.

A respiração dele era quase imperceptível. Seu corpo estava gelado, e sua tez, esbranquiçada.

Um copo com um cheiro forte chamou a atenção do rapaz. Era o mesmo cheiro do veneno que ele usava para acabar com as pragas que infestavam seus jardins.

Adolfo fez sinal para que a mocinha se aproximasse, mas ela não saiu do lugar. Só então ele percebeu que ela estava de olhos fechados. O rapaz foi até ela, tocou seu ombro e fez a pergunta que há muito desejava ter feito:

— Desculpe tocá-la assim, mas ainda não sei seu nome.

— Rebeca, e desculpe se ainda não o havia dito. Já nos falamos tanto que pensei que o soubesse!

O rapaz ficou admirando a moça, se esquecendo do que tinha a lhe dizer.

— Então, o que meu pai tem?

O rapaz despertou de seu devaneio e deu-se conta de que o amor que sentia por aquela mocinha era maior que supunha.

119

—Venha—mostrando-lhe o copo, continuou—sente o cheiro?

— Suco! Eu estava fazendo companhia ao meu pai quando Aurélio o trouxe.

—Não, não é suco. Conheço bem esse cheiro... Tem certeza de que o trouxeram para seu pai beber? Não foi um mero acaso, esse copo não foi esquecido aqui?

—Não! Eu mesma o ajudei a tomá-lo. Aurélio falou que ele precisava ingerir tudo para que suas forças não se esvaíssem. Estou com medo... Tenho certeza de que você sabe de algo.

—Tenha calma ao escutar o que vou lhe falar. Temos de ter cautela, pois é muito sério.

— Adolfo, fale sem rodeios. Está me deixando assustada!

—Esse cheiro é de um poderoso veneno que se coloca nas plantas para se matar as pragas.

—Veneno? Meu pai está sendo envenenado?

A menina se alterou tanto que sua voz ecoou pelos corredores da casa, quebrando o silêncio.

Adolfo puxou-a, tampando-lhe a boca, e logo escutaram dois assobios. O rapaz a puxou, escondendo-se atrás de uma grossa cortina. A porta foi aberta de supetão, e um cheiro mais forte que o do copo infestou o lugar.

Adolfo tinha Rebeca encostada contra seu peito. Se aquele homem os descobrisse, ele a defenderia com a vida.

Foram segundos angustiantes. Adolfo até contava os passos de quem entrava no quarto. O homem foi até o leito, parou uns instantes, depois escutou o baque da porta sendo fechada.

Rebeca quis sair, mas Adolfo a reteve. Ele sabia o quanto Aurélio era matreiro. Os bons espíritos que ali estavam induziram o rapaz a ficar onde estava. De repente, ouviu-se um ranger... Era Aurélio que entreabria a porta para espiar o quase moribundo.

Ele sentira no quarto um cheiro estranho e quis se certificar de que seu prisioneiro estava realmente só. Certificando-se de que não havia ninguém, culpou a carraspana por sua imaginação ir longe. Fechou a porta, agora sem muito cuidado, e foi se recolher.

Adolfo espiou por um buraco na cortina e certificou-se de que ele havia ido de vez.

Os olhos de Rebeca pareciam duas fontes a jorrar água em abundância. Adolfo ficou condoído.

— Não chore. Sua tristeza alimentará a energia que aqui permanece. Vamos orar e pedir ajuda aos espíritos auxiliadores. Ficaram de mãos dadas, em silêncio, e Adolfo de novo concentrou- se no copo vazio.

— Rebeca, você tem como me trazer um pouco de leite?

— Está com fome? Posso trazer também um bom pedaço de broa... Está fresquinha, foi tirada do forno bem no final da tarde.

— Não é para mim, mas para eu começar a neutralizar o que está minando as forças de seu pai.

— Vou buscar agora mesmo! Sei de um vasilhame com leite de cabra, trago-o agora mesmo!

— Cuidado! Aurélio pode despertar a qualquer momento...

— Não há perigo. Estarei sozinha e, se ele vir o leite, direi que preciso dele porque estou com insônia...

Ela se retirou e não demorou muito a voltar.

Como resultado das orações, o homem respirava com mais tranqüilidade. Ainda desacordado, foi difícil Adolfo fazê-lo ingerir o leite, mas o rapaz não tinha pressa. Passaria ali toda madrugada se fosse preciso. Rebeca não os deixou um só momento. Segurava a cabeça do pai com carinho, enquanto Adolfo, um gole por vez, fazia com que ele engolisse boa parte do precioso líquido.

— Rebeca, terá de fazer constante vigília! Quando Aurélio vier trazer algo para seu pai, diga-lhe que você mesma o dará. Seja convincente! E agora você sabe o que terá de fazer com o que ele trouxer. Continue sendo-lhe fiel e lhe dando leite e, mais tarde, um forte caldo; isso o reanimará. Se possível, deixe sempre ao lado dele alguém de confiança, se tiver de se ausentar. O estado dele é delicado, mas, com ajuda espiritual, conseguiremos ultrapassar este difícil momento. Agora tenho de ir. Logo amanhecerá e será difícil sair sem ser visto. Agostinho já deve estar dormindo, cansado pelas intermináveis horas de espera. Amanhã voltarei. Virei aqui até que ele se restabeleça.

Rebeca pegou a mão do rapaz e beijou-a com carinho.

— Quando falei do trabalho ao lado, para tê-lo sempre sob a minha vista, não sabia do tanto que precisaria.

— Nada é por acaso. Sou um obreiro de Deus, estarei sempre onde precisarem de mim. Se pudesse, ficaria a lhe fazer companhia, mas não seria perigoso só para mim... Amanhã, quando voltar, pensaremos em como alertar seu pai. Mande-me notícias. Acene-me como fez da outra vez. Se algo anormal estiver ocorrendo e precisares da minha ajuda imediata, acene algo bem colorido. Virei num pé de vento!

Os olhos de Rebeca ficaram marejados pela preocupação de seu já tão querido amigo.

Despediram-se, e Adolfo saiu como entrou, sorrateiramente.

CAPÍTULO

XIX

O ANDARILHO

uem pensou encontrar não estava lá. Agostinho sumira. Adolfo procurou-o nos possíveis lugares onde ele poderia estar, e nada.

Deve ter ficado cansado e, como o caminho de casa já é conhecido, deve ter se encaminhado para lá.

Com esses pensamentos, e na certeza que o encontraria lá, Adolfo rumou para casa.

A pequena família esperava-o desperta.

— E Agostinho? Deixou-o a guardar a casa? Está frio...
Não devia ter permitido isso.

— Calma, Amaralina! Se você me deixar falar, contarei
minha preocupação. Quando saí da casa, ele tinha de-
saparecido. O aviso que combinamos, cumpriu-o bem.
Alertou-me da chegada de Aurélio. Demorei-me mais do
que havia lhe falado, mas pensei encontrá-lo a dormir.
Como não estava ali, pensei que tivesse vindo para casa.
Ele sabe que aqui é bem-vindo. Onde estará?

Adolfo sentou-se, seu cansaço era visível. Segurou
a cabeça entre as mãos e orou. Pediu por aquele pequeno ser, que perambulava pelas ruas escuras. Ele
se sentia culpado. Não deveria ter levado o menino
como ajudante. Onde o procuraria? Como o acharia?
Pediu ajuda aos espíritos protetores, pediu a eles que
cuidassem daquela criança que, ainda em idade tão
tenra, já havia percorrido caminhos bem pedregosos
e sofridos.

Uma batida na porta fez com que todos atendessem
ao mesmo tempo.

Amaralina abriu a porta e deu um grito que assustou
quem lhe vinha atrás. Um homem sujo, barbado, com
várias camadas devestes sobrepostas estava com Agostinho no colo, e o menino estava desfalecido.

Adolfo passou à frente da irmã, fez com que o homem
adentrasse e ajudou-o a colocar o menino na aconche-
gante cama que estava à sua espera.

O homem ia se retirar sem uma palavra, mas Adolfo o reteve:

— Senhor, onde o encontrou?

O homem olhou-o meio desconfiado, querendo sair dali o mais rápido possível.

— Senhor, se falar sobre o acontecido saberemos melhor como cuidar dele!

— Cuidar melhor? Se cuidassem, ele não estaria pelas ruas escuras à mercê de salteadores!

— Ele não possui nada. O que poderiam querer dele?

— A vida, talvez.

O homem já ia sair, mas Adolfo o reteve mais uma vez.

— Senhor, ainda não agradecemos por tê-lo trazido para casa. Não se vá tão depressa. Lá fora o frio está intenso, sinto cheiro de chocolate quente, tome uma chávena!

Aquelas palavras gentis, que ele não estava acostumado que lhe dirigissem, lhe acalmaram.

— Minha veste é imprópria para esta morada... Espero lá fora o que me ofereceu.

Adolfo pegou-o pelo braço e fê-lo sentar-se.

— Senhor, espero que esta casa esteja à altura da sua dignidade. O homem não é avaliado pelos seus andrajos, mas por sua bondade. Acompanharei você no que lhe for servido, e me contarás o sucedido.

A mãe correu a servi-los, enquanto Amaralina cuidava de Agostinho.

— Mãe! Ele tem um ferimento na cabeça, deve ter sofrido uma queda!

—Não, foram os salteadores. Eu já estava me aninhando no meu canto de sempre quando ouvi um burburinho se aproximando cada vez mais de onde eu estava. Primeiro avistei um menino meio cambaleante, depois umas pessoas a lhe perseguir armadas de cacetes. Assim que ele me viu, gritou em ajuda. Seus olhos eram o retrato do desespero!Não gosto de injustiças. Levantei-me, e minha altura, que não é pouca, colocou-os a correr em sentido contrário. Quando segurei o menino, ele desfaleceu. Tentei reanimá-lo, e por duas vezes ele despertou. Indicou-me o caminho de casa, mas antes de bater na porta desfaleceu de novo. No caminho me perguntava quem deixaria um ser ainda tão inocente vagando pela escuridão das ruas!

Adolfo já ia se explicar quando o menino começou a delirar.

Amaralina ajoelhou-se a seu lado, colocava-lhe compressas e tentava lhe dar um pouco de conforto.

O menino, que antes parecia estar adormecido, agora agitava-se, como se estivesse tentando se desvencilhar de alguém.

— Largue-me! Não! Não!

Ele erguia os braços como se estivesse se defendendo.

Os três observadores uniram as mãos, e Adolfo orou pela criança.

Amaralina trocava as compressas e acariciava seus cabelos, juntando-se na oração. Aos poucos, envolvido na proteção divina, ele deu um profundo suspiro e adormeceu.

O homem encaminhou-se para a saída de novo, dando por terminada sua estada ali.

— Senhor... Se ficar mais um pouco e puder me escutar, começarei por dizer que o sou culpado por ele estar nesse estado... Mas creia-me: nem por um momento pensei que pudesse correr perigo. Pensei que iria encontrá-lo onde o deixei. Não sei o que aconteceu, mas quero lhe assegurar que não acontecerá de novo. Conheço o menino há pouco tempo, mas já tenho um grande apreço por ele.

— Pouco tempo? Ele não faz parte de sua família?

— Era um andarilho como o senhor. Vivia nas ruas, perambulando, até que a mão do Senhor nos colocou lado a lado.

— Que bom que ele encontrou quem o abrigasse. É muito triste não ter lugar certo para pousar. Mas, agora, deixe-me ir, senão eu é que ficarei sem lugar de pouso!

— Você não tem onde morar?

— Perdi minha família num incêndio e, desde então, vivo a vagar...

— Senhor, se minha mãezinha me permitir, pediria que por hora permanecesse aqui.

A mãe de Adolfo prontamente segurou o homem pelo braço e fê-lo sentar.

— O coração de meu filho é a chave desta moradia... Seja bem-vindo!

—Vocês são bondosos, mas não posso aceitar. Cheiro mal, há dias não me lavo nem troco minhas malcheirosas vestes! De tempo em tempos vou até a parte mais calma do rio para me limpar, mas às vezes me falta coragem. Penso que é melhor deixar minha aparência exatamente igual a como na verdade me sinto.

Adolfo mal o deixou acabar de falar e já tinha os braços cobertos por mudas de roupas e uma toalha alvíssima, para que o homem pudesse se lavar.

—Sei que a hora é imprópria... É melhor deixar o banho para amanhã. Mas deixarei aqui o que com certeza lhe servirá. O que tem de ser limpo, transparente, é o coração do homem, e você já nos mostrou como o seu é ao trazer Agostinho a salvo!

— Agradeço-lhe, desde já, tanta bondade. Lá fora o frio é intenso... Amanhã bem cedo partirei.

Adolfo lhe deu um abraço de conforto e pediu à mãe e a Amaralina que se recolhessem, pois logo o dia estaria raiando e a labuta os esperava.

O homem deitou-se ao lado de Agostinho e lembrou, com lágrimas correndo por sua sofrida face, da família que se fora, deixando-lhe um mar de saudade.

CAPÍTULO

XX

A FAMÍLIA AUMENTA

*A*dolfo pouco descansou. Pensava em Rebeca e naquele homem indefeso. Os barulhos da manhã encontraram-no desperto. Foi para fora da casa lavar-se e encontrou alguém praticamente irreconhecível.

— Você acorda cedo! E como está mudado! Só falta agora tirar um pouco dessa espessa barba! Se quiser tenho uma boa lâmina que, com certo cuidado, fará um ótimo trabalho!

— Seria muita ousadia de minha parte fazer-lhe esse pedido, mas já que me oferece ajuda, aceitarei com bom grado. De fato, ela me incomoda e faz com que eu pareça ainda mais miserável!

Adolfo foi buscar a lâmina e encontrou toda a casa desperta. Amaralina, debruçada sobre Agostinho, que ainda estava deitado, o enchia de perguntas, quase atropelando umas nas outras.

— Amaralina, em vez de ficar como um inquisidor, que tal preparar uma boa refeição, pois o menino está fraco até para balbuciar respostas às suas perguntas.

A menina sabia que seu amado irmão não estava lhe chamando a atenção, mas quebrando a tensão.

Ela beijou a face do menino e, sem mais palavras, foi preparar-lhe o que o irmão pedira.

— Então, Agostinho, sente-se melhor?

O menino balançou a cabeça e Adolfo deixou-o, pois sabia que sua irmãzinha cuidaria dele.

A mãe enchia a casa de aromas. Era uma alma caridosa.

— Mãe, deixo aos seus cuidados esses dois seres que precisam de trato, tanto no corpo quanto na alma... Preciso ir!

— Filho, sabe que dia é hoje?

— Sei que é dia de trabalho, mãe. Esqueci alguma data importante?

— Filho, hoje é domingo... Dia de descanso!

— Nossa, mãe, nem me dei conta! Se é assim, poderei cuidar de Agostinho e, mais tarde, ir ver se Rebeca precisa de ajuda. À noite irei para lá, mas temo que algo aconteça antes disso.

— Filho, você precisa descansar, senão, somos nós que teremos de cuidar de você.

O rapaz abraçou-a, unindo as energias de amor. Os dois foram despertos do momento por um grito de espanto de Agostinho.

— Quem é o senhor? O que faz aqui?

— Calma... Não se lembra de mim? Você me pediu ajuda. Estava sendo perseguido e, quando o acudi, você perdeu os sentidos. Contudo, por duas vezes recobrou a consciência e me deu a direção desta moradia. Não se lembra?

— Lembro de tudo isso, mas quem me acudiu foi um mendigo que estava na sarjeta!

— Era eu. Minha aparência mudou, graças a alguém de bom coração.

Olhando bem fundo nos olhos daquele homem, Agostinho reconheceu-o.

— Nossa, que transformação!

— É, rapazinho... Bom seria se meu interior estivesse alvo como essas mudas de roupa que me foram dadas! Mas vim saber se você está bem. Já abusei muito da hospitalidade deles, não quero me demorar mais. Vou tranqüilo sabendo que você está seguro. Só não volte a perambular à noite por essas ruas escuras e perigosas. O perigo ronda a cada beco.

— Por que o senhor também não fica? Tenho certeza de que não lhe negarão abrigo!

O homem, colocando o dedo nos lábios, fez sinal para que o menino se calasse.

— Já sou grato pelo que fizeram... Querer mais é exigir demais dos céus.

— Senhor, acabo de escutar as palavras de Agostinho. Por que não ficas? Como dormiu essa noite, será igual nos dias que se seguirem. Precisamos de mais braços para trabalhar. Vi que observava as flores plantadas lá fora. Admirava-as?

— Lembrava da minha casa... Minha mulher cultivava os mais diversos tipos de flores! Onde eu ia, trazia-lhe uma muda. Ela as tratava como se fossem um tesouro. Mas tudo se perdeu.

O homem emudeceu e deixou exalar a tristeza que o abatia, pesando o ambiente.

Agostinho começou a chorar convulsivamente, tomado pela energia que provinha daquele ser triste.

Adolfo imediatamente abriu o livro de orações, que sempre pegava em socorro nessas horas, e orou... Orou fervorosamente por aquele homem e pela família dele que não estava mais presente, mas com certeza resguardada por espíritos de luz!

A mãe de Adolfo abriu a janela, um vento fraco trouxe o aroma das flores como se fosse um bálsamo.

Mais serenos, puderam conversar sobre o que se passara na madrugada.

— Agostinho, o que aconteceu para que se afastasse de onde pedi que me esperasse?

O menino, esfregando os olhos, enxugando as lágrimas que ainda teimavam em sair, respondeu timidamente:

— Quando dei o segundo assobio para lhe avisar sobre aquele homem, apareceram uns homens que pensaram que eu estivesse de acordo com algum empregado da casa para assaltá-la. Queriam que o roubo fosse dividido. Contei-lhes que estavam errados, que estava ali para avisar alguém sobre um provável perigo, mas não acreditaram e, armados de cacetes, me ameaçaram. Então me pus a correr! Sabia que não estavam brincando. Alguns já conhecia de vista. São salteadores! Quando consegui me distanciar, senti uma pancada na cabeça. Mesmo zonzo, continuei e pedi ajuda a um maltrapilho. Depois, não sei o que aconteceu, não me lembro de ter dado a direção dessa casa...

O homem citado interrompeu-o:

— Como lhe falei, por duas vezes você despertou e me deu a direção desta moradia.

— Adolfo, desculpe por ter causado tanta preocupação em vocês.

Adolfo abraçou o menino, emocionado.

— Eu é que lhe peço perdão! Pensei que ali fora estivesse a salvo, nem imaginava o perigo que corria! Vamos dar graças a Deus e aos espíritos protetores que o trouxeram até esta morada. Agostinho, já conhecias aquela casa?

O menino agitou-se e fraquejou ao responder:

— Só de passagem.

— Você parecia temeroso, estou enganado?

O menino percebeu que não podia mentir. Adolfo olhou-o nos olhos e parecia ler seu interior.

— Tem alguém naquela casa que me causa horror, mas, por favor, não quero falar dele agora...

— Quando quiser, Agostinho... Quando você achar que é o momento! Mas, lembre-se: você não está mais sozinho.

O homem que vivia nas ruas e que já havia presenciado muito ficou estático perante tanto amor dedicado ao semelhante. Vivera horrores pelo ato praticado à sua família. Se afastara dos seres humanos, como se todos fossem inimigos. Não acreditava em nenhum ser vivente. Para ele, a maldade imperava e Deus, de quem já havia ouvido falar, era história... Mas aquela morada, onde habitava a bondade, o colocou a refletir sobre que tipo de magia existia ali e por que eles eram tão diferentes.

Um leve toque em seu braço o trouxe de volta à realidade.

— Senhor, já decidiu? Aceita viver nesta humilde moradia?

— Se puder pagar com o que meus braços são capazes de fazer, lhes serei sempre agradecido. De fato, estou cansado de dormir ao relento, comer sobras de lixo e me esconder da chuva e do frio, o que endurece ainda mais minha alma... Agradeço-lhes a mão estendida. Não hão de se arrepender. Sinto no ar o ungüento que cicatrizará minhas feridas. Um dia lhe contarei minhas mazelas, mas, hoje, só quero agradecer a oportunidade de estar aqui.

Agostinho, levantando de seu repouso, alegrou-se:

— Vai ficar? — Perguntou o menino, com os olhos brilhantes.

— Recomeçarei. tenho de acreditar que existe algo maior do que a maldade.

Agostinho deu-lhe um abraço; parecia que se conheciam havia muito tempo.

Amaralina, em sua alegria, deu por encerrada todas as questões.

— Se todos estão bem, que tal aproveitarem o que a mãe acabou de colocar à mesa?

E, assim, mais um obreiro de Deus chegou àquela morada.

CAPÍTULO

XXI

A VERDADE VEM À TONA

Nos dias que se seguiram não houve novos acontecimentos.

Adolfo continuava a visitar o enfermo às escondidas com ajuda de Rebeca; Julian continuava a ajudá-lo no jardim, e aprendia o ofício. O jardim que só devia conservar estava viçoso, e os dois novos hóspedes da casa eram só alegria!

No final da tarde, depois de cumprir suas obrigações nas duas moradias, Adolfo ia até em casa, reunia a pequena família e fazia a oração do dia.

Depois de cear, ia à casa de Rebeca. Demétrio continuava em sono profundo. Nutrindo-o com orações e leite de cabra, o rapaz seguia, na certeza de que logo ele teria melhoras.

A menina permanecia todo tempo em sua companhia e, quando por motivos necessários e contra a sua vontade, precisava ausentar-se, colocava à beira do leito alguém de sua inteira confiança.

Como o homem permanecia inerte, Aurélio pensava que o que ele levava para que o patrão ingerisse era dado.

Certa noite, como se despertasse de um sono profundo, Demétrio despertou em meio às orações ardorosas que Adolfo fazia.

— O que faz aqui?

Meio cambaleante, tentou sentar-se e continuou a indagar:

— Rebeca, o que ele faz em meus aposentos? E você? Por que está aqui?

A menina, entre surpresa e feliz pelo provável restabelecimento do pai, permaneceu imóvel.

— Rebeca!

O homem parecia ter despertado com toda sua arrogância e autoridade. O chamado, agora, fê-la estremecer.

— Pai, Adolfo está aqui para ajudá-lo. Você esteve muito doente...

— Ele não é jardineiro? Por acaso sou uma de suas plantas?

— Pai, você não entendeu bem... Ele veio me ajudar...

—Não, não entendo o que faz aqui! Onde está Aurélio? Chame-o!

— Pai, é a respeito dele que temos de conversar.

— O que aconteceu? Algo grave com Aurélio? Não me poupe, já estou bem.

— Pai, você está debilitado. Acalme-se para podermos conversar.

A menina foi até ele, ajeitou-lhe para que recostasse no leito e continuou:

— Pai, havia muito vinha desconfiada de suas doenças freqüentes. Você deixou nas mãos de Aurélio a direção desta casa e de sua vida. Delegou a ele poderes em demasia, e ele abusou dessa confiança.

— Onde você quer chegar? Diga-me sem rodeios.

— Aurélio estava envenenando o senhor aos poucos. Adolfo teve certeza pelo cheiro que havia no copo que ele lhe trouxe como alimento. Era veneno para plantas daninhas.

O homem esfregou o rosto, como se estivesse em meio a um pesadelo e precisasse despertar.

— Não é possível... Ele não faria isso!

— Ele o fez, pai. E continuou fazendo. Mas, desde que o senhor está aqui de cama fico em vigília! Não o deixei nas mãos dele nem por um segundo. Adolfo foi de grande valia. Orava e alimentava-o.

— Aurélio permitiu que isso acontecesse?

— Ele não sabe. Adolfo entra às escondidas.

— Filha, isto é um horrível pesadelo! Como posso acreditar?

— Tem de acreditar! É sua vida terrena que está em jogo...

Só então, escutando tais palavras, o homem voltou-se para Adolfo.

— Isso tudo é verdade?

— Por que sua filha mentiria?

— Como pude ser tão cego? Confiei em quem não merecia minha confiança, mas agora tudo mudará. Sei que você gosta de jardinagem, mas será que deixaria isso de lado e tomaria o lugar de Aurélio?

— Não poderia, senhor. Ele também precisa de ajuda, pois trilha maus caminhos e precisa retornar. Temos de lhe dar a mão e não jogá-lo de vez em abismo profundo.

— Rapazinho, você ajudou minha filha a cuidar de mim, e sou grato por isso. Mas não lhe dou o direito em interferir em minha vida. Esse homem de que fala não precisa de ajuda... Ele queria me aniquilar! A primeira coisa que farei quando me levantar daqui será colocá-lo a pontapés pra fora desta casa. Isso se não chamar quem lhe ponha a ferros!

O homem estava transtornado, e, quanto mais ele se enraivecia, mais turvo ficava o ambiente.

— Senhor, sei que tem razão quanto ao caráter de Aurélio, mas, se ele se for por ai, semeará tristeza por não haver florescido a bondade em seu coração. Temos de fazer ele ver que uma força maior impediu suas maldades.

— Você acha que ele acreditará que vocês são mais fortes do que ele?

— Senhor, não falo de mim nem de sua filha, mas da força que vem do alto.

— Você é um pregador?

— Não, senhor. Tento ser um bom cristão. Ajudando quem precisa, estaremos nos ajudando.

— Palavras, meras palavras! Se não houver a ação, quero ver quem lhe salva.

Adolfo sentiu que era hora de calar e orar. Teria de ser aos poucos, em pequenas doses, ou ele também seria afastado daquela casa.

— Tenho de partir. Logo amanhecerá e Aurélio perceberá minha saída.

— Não ficará? Você é uma testemunha do ocorrido.

— De Deus sou testemunho... Sou testemunho de Suas obras e de Sua mão caridosa. Irei, mas com a certeza de que não ficarão a sós! Espíritos protetores protegem quem tem fé... Fique em paz!

O rapaz acariciou os cabelos de Rebeca e voltou-se para a porta. Nesse mesmo instante ela abriu-se de supetão, fazendo aparecer a figura gigantesca de Aurélio.

— Aonde pensas que vais?

Ele falava e tocava a mão com um objeto brilhante, já bem conhecido.

— Vim em visita e já estou indo. Rebeca falou-me de seu pai acamado, vim ajudá-lo.

— Ajuda? — O homem deu uma sonora gargalhada, levantando os braços e fazendo um grande alvoroço!

Nesse mesmo instante Adolfo tentou passar por ele, mas foi agarrado. Ele girou rápido, escapando com destreza. Aurélio, em sua fúria, tentou de novo pegá-lo e desequilibrou-se, deixando cair de suas mãos o objeto ameaçador que empunhava.

Foi como o cair da guilhotina! Como sempre o estava afiando, ele era capaz de cortar um fio de cabelo no ar.

Aurélio gritava enlouquecido. Perdera parte de seu pé direito.

Adolfo, que já tinha ultrapassado a porta do quarto, voltou ao ouvir os gritos de dor. O homem desabara. Esqueceu que era o aniquilador e sentiu-se aniquilado.

Rebeca escondeu o rosto, aflita. Seu pai permanecia estático desde a entrada de Aurélio no quarto. Adolfo ajudou o homem a sentar-se e, pegando parte da roupa de Demétrio, rasgou-a em tiras, fazendo um torniquete e impedindo que o homem continuasse a se esvair em sangue.

Aquele que antes era ameaçador, agora parecia uma criança indefesa. Ele foi vítima de sua própria crueldade.

O homem urrava de dor.

Depois de terminar o que, por hora, parecia o necessário, Adolfo colocou a mão na testa do infeliz e orou com fervor. Pediu auxílio aos médicos do espaço. Pediu que as sombras ameaçadoras, que se mantinham presentes imbuídas do desejo de mais conflito e dor, fossem afastadas por meio da oração e de espíritos auxiliadores.

Aurélio serenou como se estivesse anestesiado.

Adolfo pediu à menina que fosse com ele até a cozinha, pois precisava continuar o que começara.

Achando o que lhe serviria, e lembrando do que vira seu pai fazer, voltou ao quarto com um ferro em brasa, que servia para marcar animais, e selou a carne, fazendo o homem desmaiar de dor.

— Ele morreu? — perguntou Rebeca, aflita.

— Não, só não suportou tanta dor. Mas ficará bom, assim creio eu.

— Adolfo, e se ele não contar a verdade? Se falar que você foi o causador do mal?

— Ele não fará isso.

— Como tem tanta certeza? Como pode ser tão caridoso com quem lhe fez tanto mal?

— É fácil sermos bons com quem nos quer bem... Chame agora, por favor, quem me ajude para levá-lo ao quarto, onde se acomodará melhor.

Rebeca nem esperou que o rapaz falasse mais, foi rápido e logo voltou com dois empregados que, auxiliando Adolfo e sem perguntas — mas muito assustados —, deixaram o homem na cama e evadiram-se.

Pensavam que Adolfo era o responsável pelo mal e saíram para chamar quem o prendesse, antes que escapasse.

CAPÍTULO

XXII

A PRISÃO DE ADOLFO

Já havia amanhecido. O sol, tímido pela friagem que impedia o calor de seus raios, anunciava novo dia de labuta.

Na casa de Adolfo, sua mãe se preocupava.

— Mãe, se Adolfo não voltou é porque algo aconteceu. Temos de ir à sua procura.

A mãe, que pouco pregara os olhos, concordou com ela.

— Filha, eu estva rezando para que o dia amanhecesse e pudéssemos tomar providências. Adolfo sabe de nossa preocupação e teria voltado, se não fosse impedido.

— Eu vou procurá-lo e só voltarei quando achá-lo. Só não sei onde é a tal moradia de Demétrio.

— Eu posso levá-la!

Agostinho também estava desperto havia bastante tempo. Aguçava o ouvido sempre que ouvia passadas, mas elas se afastavam, e ele, com o coraçãozinho aos pulos, pedia para aquele Deus de que Adolfo tanto falava o trouxesse para casa a salvo.

— Agostinho, como não lembrei disso? Você já esteve na casa com Adolfo.

— Não na casa. Próximo, você quer dizer!

— Não importa. Se você puder me levar até lá, vamos nos adiantar.

— Ainda é muito cedo para dois jovens como vocês perambularem por essas ruas!

O homem havia muito escutava o que conversavam, mas mantinha-se em seu canto. Trabalhou com afinco no dia anteior, mas também estava preocupado com o rapaz.

— Iremos juntos. Não sou de grande valia, mas os protegerei! — falou decidido, apesar do cansaço.

Amaralina, na sua espontaneidade, beijou-lhe a face.

PLANTANDO O AMOR

— Somos gratos a Deus por colocar pessoas nobres como vocês em nossas vidas.!

— Nobres? Estão falando de quem? — perguntou-lhe Agostinho, surpreso.

— Falo de vocês... Vamos, que meu coração palpita pela falta de notícias.

Enquanto isso, na casa de Demétrio...

— Vocês estão enganados, ele próprio decepou parte do pé! Tentei ajudá-lo, larguem-me...

Rebeca, escutando os gritos do rapaz, mesmo assustada e sem saber o que de fato acontecia, correu em ajuda, deixando o pai ainda inerte, como se estivesse abobalhado.

A cena que viu deixou a menina paralisada. Guardas retiravam Adolfo da casa; correntes foram colocadas em seus braços e pernas. A menina emudeceu. Não acreditava no que seus olhos viam. Quis gritar, mas não conseguiu, esticou os braços como se pudesse salvá-lo, mas só conseguiu tocá-lo com o olhar.

O silêncio se fez. Os dois empregados, responsáveis pela prisão do rapaz, pararam diante dela, como se esperassem um franco agradecimento e, quem sabe, até uma boa recompensa.

— O que fizeram? — perguntou a menina aos prantos.

— Levaram a ferros um inocente...

— Senhorinha, agimos rápido sem consultá-la, temendo que ele escapasse impune!

— Enlouqueceram? De quem estão falando? Quem estava envenenando meu pai decepou o próprio pé!

— Senhorinha, nós pensamos que agíamos certo. O que faremos agora?

— Deveriam ter me perguntado antes. Agora saiam e me tragam quem entende de cura e leve-o até o quarto de Aurélio. Procurem saber para onde levaram Adolfo. Se agiram rápido antes, sem saber ao certo do acontecido, agora quero presteza! Meu pai ainda está acamado, mas bem lúcido. Não irá gostar de saber que agiram por conta própria. É melhor correrem para se redimir.

— Sim, senhorinha. Iremos num pé-de-vento!

Rebeca sentou-se, pois suas pernas a mantiveram de pé em demasia, enquanto seu corpo parecia um barco à deriva.

Os empregados começaram a chegar, e a menina mantinha-se no mesmo lugar. Sua ama, que tinha ido até o quarto de Demétrio, assustou-se com tanto sangue pelo chão e com a pasmaceira de seu patrão.

— Menina Rebeca, o que aconteceu?

— Adolfo... Levaram-no preso!

— O que ele fez? Não estava cuidando do seu pai? O que aconteceu de errado?

— Por favor, vá ver Aurélio.

— Vou fazer o que você pede. Mas, antes, levante-se e vá ter com seu pai.

Rebeca até esqueceu que deixou o pai sozinho. A menina estava em estado de choque. Encaminhou-se ao quarto vagarosamente, perguntando-se onde estavam os espíritos auxiliadores que Adolfo tanto clamava.

Onde estava seu Deus, que não impediu a prisão do rapaz?

Entrou no quarto e percebeu que o pai adormecera. Ainda estava fraco. Ficou muitos dias com pouca alimentação, e os últimos acontecimentos foram fortes demais para quem estava ainda muito debilitado.

A menina ajeitou-lhe as cobertas e deixou-o com o silêncio do ambiente. Sabia que ele estava a salvo, pois quem poderia lhe fazer mal estava impossibilitado.

Ela lembrou-se de quem poderia lhe ajudar: Julian!

Rebeca foi até a janela de seu quarto e acenou, como já fizera antes, para chamar atenção do rapaz.

Ele perambulava pelo jardim, com certeza antevendo a chegada de Adolfo. Assim que viu quem lhe acenava, correu até a casa da menina. Rebeca, ansiosa, já lhe esperava no portão.

O rapaz, ainda ofegante, quis se certificar:

— Era a mim que chamava ou esperavas que Adolfo já estivesse em minha casa?

— Se não tomarmos providências, você perderá um auxiliar e amigo!

— Rebeca, sinto no ar o cheiro da tragédia...

— Sim, meu amigo, aconteceu uma tragédia. E outras mais acontecerão se não acharmos Adolfo.

— Você está falando do meu irmão?

Amaralina tinha chegado à casa, mas esperava o momento para se aproximar mais. A distância já era pouca, não a impediu de escutar a última frase.

Rebeca, ainda desfigurada pelo acontecido, quase perdeu as forças de vez.

— Quem é o senhor?

— Acompanho a menina. Adolfo não chegou em casa, está fora desde a noite passada... Tem alguma informação?

— Adolfo... ele foi levado para o cárcere!

— Preso? — Amaralina não acreditava no que ouvia. Você está dizendo que meu irmão está preso? Não é possível, você não deve estar em sua razão perfeita.

— Vamos, entrem... Lá dentro lhes farei o relato e veremos como ajudar Adolfo.

CAPÍTULO

XXIII

UMA GRANDE INJUSTIÇA

Todos escutaram atentos as palavras de Rebeca, que parecia ser uma história extraordinária e malévola.

Amaralina desabou num pranto incontrolável e foi acalentada por Julian, que até esquecera sua admiração por Rebeca diante de menina tão doce e de tão rara beleza.

Palmas e um assobio o fizeram despertar.

—Vou até o portão atender quem chama. Quem sabe traz notícias de Adolfo?

Amaralina enxugou as lágrimas, pois ela sabia que a tristeza não seria de grande auxílio para o irmão.

— Agostinho! Não ia voltar e contar tudo para a mãe?

—Não pude. Como chegaria lá sem notícias? Por que choras? Aconteceu algo ruim com meu amigo?

— Venha, vamos unir as mãos e orar. Se meu irmão estivesse aqui e alguém precisasse de auxílio, essa seria a primeira providência dele.

Rebeca não se moveu. Amaralina, ainda enxugando as lágrimas com o dorso da mão, fez sinal que ela se juntasse ao grupo.

—Não sei a força que tem as orações... Adolfo orava com fervor e olhe o que aconteceu a ele!

— Seu corpo está intacto e seu espírito também. Vamos dar graças a isso e pedir que os bons espíritos continuem a protegê-lo.

Rebeca ficou envergonhada. A fé de que o rapaz falava tanto, que seria a fortaleza que impediu que Aurélio continuasse suas maldades e que ele acreditava ser a coisa mais importante de sua vida, agora, diante de acontecimentos que fugiam ao seu entendimento, fraquejava.

— Vamos, Rebeca! A oração é a armadura que protegerá meu irmão e todos que acreditam e se façam merecedores.

PLANTANDO O AMOR

Um pouco distante daquela morada...

— Vamos, fale! Não foi você o causador da desgraceira que aconteceu na casa de Demétrio?

— Senhor, peço que antes de me julgar, mande alguém até lá e verifique a veracidade dos fatos. Não fui o causador. Tentava ajudar aquele homem que inabilmente deixou cair seu cutelo no próprio pé. O senhor Demétrio está acamado, mas com plenos sentidos. Indague-o e pergunte o que aconteceu à menina Rebeca. Eu estava no quarto com os dois quando Aurélio apareceu com o cutelo em punho. Por perda de equilíbrio, deixou-o cair.

— Eu mesmo irei até lá e terei, não com os dois por você citado, mas com a vítima. Ponha-o a ferros! Foi pêgo em flagrante e, até que eu comprove o contrário, ficará preso.

Adolfo não sentiu medo. Tinha certeza de que tudo seria esclarecido em pouco tempo. Mas o tempo é absurdamente sem noção de tempo!

Antes que saíssem à sua procura, chegou a notícia de onde estaria o rapaz e o pedido para que a vítima fosse interrogada, o que não pôde ser feito por Aurélio ainda permanecer desacordado.

— Leve-me ao senhor Demétrio.

Não era um pedido, era uma ordem.

Rebeca, ainda com passos incertos, conduziu o austero homem até o aposento do pai.

— Ele dorme?

— Meu pai está enfraquecido... Está acamado há vários dias.

— Terá de acordá-lo para que eu lhe faça algumas perguntas.

A menina tocou o homem docemente, tentando despertá-lo, mas ele permanecia em sono profundo.

— Não consegue despertá-lo? O prisioneiro falou-me que o senhor Demétrio é testemunha do fato. Sua palavra seria de grande valia para quem está em graves apuros.

— Eu também sou testemunha... Estava com meu pai e assisti à terrível cena.

O homem girou as pontas do bigode, cismou e declarou:

— A senhorita é menina demais. Sua palavra não seria de grande valia. Quando um dos dois despertar, mande um empregado me chamar. Até lá, tudo ficará como está.

— Fala de Adolfo? Como pode manter um inocente encarcerado?

— Mocinha, meça suas palavras! Sou um oficial da lei digno. Se de fato ele for inocente, a verdade surgirá, nem que tenha de emergir das profundezas.

Batendo as botinas brilhantes, o homem retirou-se sem esperar argumentos.

Rebeca juntou-se ao grupo, que esperava ansioso o desenrolar dos fatos no quarto de Demétrio.

— Nada feito... — falou a menina quase sem forças.

— Como? — falaram em uníssono.

— Meu pai dorme profundamente... Nada pôde dizer. Contudo, tenho esperança de que logo desperte, sinto que é um sono reparador.

Em outro plano, num lugar de muita luz e compreensão entre todos, um espírito clamava benevolência:

— Deixe-me ajudá-lo... Por que ele terá de passar pelo que passei? Já sofreu tanto pela ausência do pai, teve de amadurecer cedo demais. Foram-lhe imputadas tantas obrigações... Ele respondeu como um fiel servo de Deus a todas obrigações a ele confiadas. A fé foi seu alimento diário, e soube reparti-lo a tantos quanto lhe apareceram no caminho.

— Como você mesmo acabou de falar, ele é amparado pela fé e por você, que nunca deixou de lhe mandar energias para que pudesse superar momentos difíceis, como aquele em que a mãe foi aprisionada. Esqueceu?

— Perdoe-me. Estou sendo fraco, e isso em nada auxiliará quem precisa de ajuda.

— Vamos, vamos ajudar os que chegam em aflição. Assim se recarregará para ajudar quem foi seu filho na vida terrena. Sabe que ajudando os que chegam, dando-lhes conforto e compreensão no momento, nos energizamos com a bondade divina. É uma troca, em que o beneficiado é sempre aquele que presta caridade. Assim é no plano espiritual, como na terra, que está sempre em evolução.

Adolfo, no silêncio de sua cela, pensava na angústia que sentiria sua genitora ao saber de sua prisão. Ela, que durante tantos anos esperou pela liberdade de alguém, agora veria aprisionado mais um membro de sua pequena família. Adolfo entristeceu-se. Não por estar ali naquele momento — sabia que seria passageiro —, mas para sua mãe e irmã, seriam momentos de sofrimentos intermináveis.

Orou alto. Clamava aos céus que a espada da injustiça não abatesse mais uma vez sua família. Que a verdade fosse transparente como as águas límpidas do rio! Pediu também que Aurélio, vítima de sua própria crueldade, fosse auxiliado por espíritos caridosos, que o envolvessem numa energia curadora, tanto para a carne quanto para o espírito.

Um guarda, que estava observando-o quando ele começou a falar, pensou-o louco. Entretanto, ao ouvir suas últimas palavras, intercedendo pelo homem de quem diziam ser o carrasco, condoeu-se.

— O que está fazendo aí parado? Admirava-o?

— Senhor, ele ora em favor do que dizem ser por ele vitimado.

— Deve estar arrependido do feito!

— Então foi confirmado? Ele é realmente culpado?

— Não. Minha estada naquela casa foi infrutífera. Que algazarra é essa lá fora? Vá ver! Devem ser baderneiros que não tem o que fazer. Toque-os para longe ou ameace colocá-los a ferros.

PLANTANDO O AMOR

Realmente, uma pequena multidão formava-se diante daquela rústica prisão. Quando a notícia do que tinha acontecido a Aurélio, que não era bem visto por ninguém, espalhou-se pelo mercado a satisfação era visível. Muitos daqueles homens sofridos tinham marcas daquele instrumento que ele fizera de arma.

Era na companhia deles que ele ia ao mercado e, se contrariado, não hesitava em usá-lo. Todos temiam-no. Ao saber que o autor da façanha teria sido Adolfo, rapaz recatado, trabalhador e conhecedor como ninguém dos vários tipos que compõem a natureza, ficaram surpresos. Logo se uniram para tentar livrá-lo da injusta prisão.

Amaralina e seus dois acompanhantes foram tentar ver o irmão, para lhe dar um pouco de alento.

Os dois grupos se encontraram na porta da prisão.. Amaralina só foi entender o que faziam ali quando começaram a gritar o nome de Adolfo e hostilizavam o de Aurélio.

CAPÍTULO

XXIV

LUTA PELA LIBERDADE

Com serenidade, Amaralina tentou acalmar os ânimos, dizendo que o irmão era inocente e que tudo logo seria esclarecido. Eles teimavam em não ouvi-la. Aquele rapaz era o salvador de muitos. Por um bom tempo, ficariam livres da figura de Aurélio. Este, agora assistido por dois praticantes de medicina, era examinado e reexaminado, pois eles não acreditavam na história contada, de que fora um jardineiro que cuidou daquele homem. Rebeca deu ordem de que nada faltasse ao infeliz. Ela não seguiu com o grupo que tentaria interceder por Adolfo, pois a preocupação com o pai e o que poderia acontecer em sua ausência a fizeram ficar.

Julian, apesar de querer acompanhar o grupo, ofereceu ajuda a Rebeca. Temia que alguns empregados, querendo mais tarde cair nas graças de Aurélio, não acatassem as ordens dadas por ela. Terem ido chamar o guarda, sem que a ordem para tal fosse dada, talvez os inspirasse a outras iniciativas. Rebeca estaria vulnerável se ficasse só. E essa era a desculpa para que Julian permanecesse ao seu lado.

Do outro lado da cidade...

— Não, não posso permanecer aqui sem notícias! Meu coração diz que algo grave aconteceu ao meu menino. Se ao menos soubesse onde mora esse tal Demétrio... Mas não importa! Perguntarei a céus e terras e tenho certeza de que encontrarei o caminho.

Ajeitou-se e já ia saindo quando forças maiores impediram-na. Uma ventania repentina cortava o céu!

Terra e areia faziam com que a sua visão ficasse turva. Teve de recuar.

"Ore, mulher! Ore". Parecia que o vento trazia esses dizeres para seu ouvido como uma mensagem mandada do céu!

Com lágrimas descendo por seu sofrido rosto, a mulher recolheu-se, postou-se de joelhos e entregou-se ao sentimento, em meio a uma profunda oração. Era um alento que chegava até Adolfo e o mantinha na esperança de sua breve soltura. Amaralina, com seu jeito meigo, conseguiu acalmar os ânimos da turba, dizendo ser o silêncio a melhor arma para o momento.

Quando a guarda apareceu com armas em punho para varrer da porta aqueles que pareciam querer confusão, deram com uma cena inesperada. Todos estavam sentados e se mantinham calados, com olhos grudados na menina.

— O que esperam? Se for o moço há pouco encarcerado, a espera será inútil! É melhor se dispersarem antes que coloquem todos a ferros.

Ninguém se moveu. Nem uma palavra ou olhar em resposta.

— Quem vocês pensam que está lá dentro? Alguém de importância?

— Sim, ele é meu irmão. Além de ser uma pessoa muito especial, é inocente do que o acusam. Senhor, deixe-me vê-lo. Uma palavra apenas será suficiente. Sei que sob essa vestimenta bate um coração caridoso, que não tem nada a ver com as injustiças cometidas.

O homem encheu o peito. Sentiu-se naquele momento a autoridade máxima. A vaidade percorreu o seu corpo. A permissão não veio por caridade, mas pelo orgulho e pela vaidade que imperaram naquele momento.

— Irmã, o que faz aqui? E a mãe? Deixou-a sozinha?

— Calma, Adolfo. A preocupação no momento é com você... — Amaralina pegou as mãos do rapaz, que seguravam as barras de ferro e as beijou carinhosamente, molhando-as com o líquido que ele sempre lhe falava ser precioso demais para que ela deixasse sair da caixinha de luz onde era guardado. Essa era a história contada por Adolfo quando ainda pequena e a adversidade separou-a do pai; ele não queria a irmãzinha chorando e a tristeza se instalando.

— Adolfo, não choro de tristeza, mas estou condoída por você ter de passar por maus momentos. Você não merece isso...

— O que sabemos nós de merecimento? Estou aqui e não é um acaso. Minha fé tem de ser maior do que tudo para mudar os acontecimentos. Vivo na certeza de um Deus maravilhoso, que não desampara filho algum. Um dia, não entendemos a prisão do pai... Hoje, estou eu aqui. Irmãzinha, vá! Vá ter com a mãe, ela precisa que você esteja ao seu lado. Justifique minha ausência, mas omita minha prisão. É apenas um pequeno detalhe, logo tudo será esclarecido, e não quero que ela sofra, pensando em uma ausência eterna. Fale-me de Aurélio; como ele está? Já recebeu ajuda?

— Rebeca deu ordens para que fosse bem cuidado, apesar de ele não merecer. Ele queria atingi-lo!

— Não fale assim. Sei bem que o que sai de sua boca não é ditado pelo coração caridoso que você guarda no peito. Aurélio errou, e creio que muito... Mas se não o ajudarmos a ser uma pessoa melhor, quantos ainda sofrerão injustiças?

Enquanto Adolfo falava, sua voz terna aquecia aquele fétido porão. Presos amontoados nos cantos se levantaram para ouvir melhor as palavras do rapaz, cercaram-no e pediram ajuda para serem libertos.

— Quando sair daqui, verei o que posso fazer por vocês. Trabalho na casa de um importante juiz e pedirei a ele para rever a sentença de cada um. Vá, Amaralina. Orarei com meus irmãos para que nossa alma liberte-se de maus pensamentos, dos atos indignos e da falta de fé.

A menina beijou mais uma vez a mão do irmão e foi cumprir a missão que lhe fora designada.

A pequena multidão havia se dispersado, diante das ameaças de prisão. De cócoras, como se estivessem rezando, os dois novos amigos a esperavam e, com certeza, esperariam por ela o tempo que fosse necessário.

Assim que a avistaram, correram em sua direção, ansiosos por notícias.

— Ele está bem! Disse que logo tudo será esclarecido! Pediu que essa parte da história — falou a menina apontando para onde estava o rapaz enclausurado

— não seja contada para a mãe. Vamos. Adolfo falou de alguém importante na casa onde ele serve como jardineiro. Será o pai de Julian? Vamos até lá, Rebeca deve saber de algo.

Enquanto isso, na prisão, Adolfo não continha as palavras que vinham do coração.

CAPÍTULO

XXV

ESCLARECENDO OS FATOS

Em sua casa, a mãe aguardava ansiosa pela volta de seus amados filhos e os dois novos membros, já tão queridos, que compunham aquela família.

O pequeno grupo percorreu as ruas poeirentas, quase a correr. O vento forte vinha ao encontro deles e dificultava a visão.

Amaralina rezava para que o dia fosse bem extenso, para que pudesse dar tempo de ver livre seu irmão.

Rebeca os esperava ansiosa. O pai despertou, mas estava em estado de choque. Nada falava; parecia adormecido mesmo estando acordado.

A menina, ainda em companhia de Julian, os recebeu com carinho. Tinham se conhecido havia pouco, mas parecia que havia muito já faziam parte de seu pequeno mundo de amigos.

Julian foi logo abrindo os portões para lhes dar passagem. Um dos visitantes empacou sem querer ultrapassar o limite entre a casa e a rua.

— Agostinho, vai ficar aí parado? — O menino parecia petrificado.

Amaralina foi até ele e tocou-o para que despertasse.

— Não vou entrar, espero por vocês aqui, ou, se preferires, volto pra casa, pois bem sabes que sua mãe deve estar aflita por notícias.

— E o que dirá a ela? Não é melhor tentarmos livrar Adolfo do cárcere?

— Amaralina, não quero entrar nesta casa... — ele estava trêmulo, a moça não insistiu.

— Então fique, mas não arrede o pé daqui! Lembra-se do que aconteceu noites atrás?

— Ficarei aqui sentado esperando por você. Entretanto, vivi tanto tempo a perambular por essas ruas que se saísse daqui não me perderia.

— Promete que não sairá?

O menino acenou com a cabeça e sentou-se, mostrando que pretendia ficar. O carinho e a proteção de Amaralina, o sensibilizavam. Não lembrava de alguém, fora sua mãe, com tanto zelo. Apesar do vento frio, sentia-se aquecido...

Não era o pai de Julian que mexia com leis, mas o homem que habitava a outra casa, onde Adolfo exercia seu ofício.

— Então, Rebeca, se sabemos que ele pode interceder por meu irmão, não esperemos mais um segundo e vamos procurá-lo!

— Não é assim tão fácil. Escutei várias vezes meu pai falar que ele é uma pessoa intratável. Está sempre taciturno e rodeado de seguidores que lhe dão segurança. Falar com ele pode ser uma missão impossível! Dizem que, apesar de todos os cuidados, lhe tiraram o filho ainda em tenra idade. Deve ter sido vingança, por alguma lei mais severa aplicada por ele.

— Rebeca, falando assim você me dá medo quanto ao futuro do meu irmão. Se Adolfo for julgado por ele? Se ele não acreditar em sua inocência? E Aurélio, já despertou? Não precisamos de mais nada, além da sua palavra! Dizem que ele é a vítima, então, que ele diga que foi vítima de sua própria crueldade.

O silêncio se fez. A dúvida pairava no ar. Até onde iria a maldade humana? Todos conheciam a fama de Aurélio. Beberrão, briguento, ameaçador e, mais, havia tentado envenenar o dono daquela casa! Isso certamente seria difícil provar, pois só tinham a palavra da menina Rebeca.

Amaralina ficou pensativa por uns instantes, respirou fundo e pediu para ir até o quarto de Aurélio.

— Se você vai, eu também vou.

O mendigo parecia seu anjo da guarda, protegendo-a a todo instante. Isso foi dito à mãe da menina. Então, ele não a deixaria só em nenhum momento em que pudesse haver perigo.

Rebeca conduziu-os até o aposento de Aurélio, e quando a porta foi aberta e a claridade pousou sobre o rosto do empregado, um grito forte ecoou pela casa.

— Conheço este homem! Ele não é quem diz ser. O nome dele é Macedônio, e ele é um fugitivo da justiça. Foi ele que ateou fogo na minha casa e destruiu três vidas inocentes — berrou o protetor de Amaralina.

O homem estava com os olhos esbugalhados, como se estivesse vendo algo sobrenatural. Aurélio, ainda desacordado, não sabia que sua teia de maldades estava se desfazendo.

— Senhor, tente se acalmar ou ocupará o leito ao lado de quem acusa.

Os três aproximaram-se do leito e certificaram-se de que Aurélio jazia inerte.

Julian nem ultrapassou o batente da porta. Ao escutar o que ele tinha feito à família daquele pobre mendigo, postou-se de guarda perante a possibilidade de Aurélio despertar e tentar evadir-se.

—É ele mesmo... é ele mesmo... — repetia sem cessar. Envolvi-me com ele em uma briga de jogo. Eu era tolo, mais perdido do que estou hoje. Sua vingança para me atingir mais cruelmente foi atear fogo em minha casa enquanto minha família dormia... Ele foi visto enquanto fugia, depois de ter praticado tamanha atrocidade.

O homem desabou num sofrido pranto, mas continuou:

— Percorri mundos tentando encontrá-lo e não o sabia tão perto. Peço perdão ao Todo-Poderoso todos os dias, e assim o farei enquanto tiver um lampejo de vida, pois sou tão culpado quanto ele!

Ele caiu de joelhos, tamanha era sua dor. Amaralina abraçou-o, tentando acalentá-lo em meio a tanto desespero.

O andarilho amigo soluçava e não parava de falar:

— Passei noites acordado, pensando no que faria ao encontrá-lo! Senti-o várias vezes em minhas mãos, eu a esganá-lo, e era só em pesadelo. Depois de tantos anos, tenho-o em minhas mãos e não sei o que fazer.

— Ore, ore por ele! Ele é digno de compaixão! Não fez nada de bom ao seu semelhante, como não fez para ele mesmo. Ele mesmo se puniu! Livre sua alma do peso da culpa que carrega e vamos começar uma nova caminhada. Minha família o acolheu, a mão divina o levou até minha casa, e lá você trilhará, com certeza, caminhos mais amenos. Adolfo o ajudará!

O mendigo abraçou-a, como se ela fosse sua tábua de salvação em mar revolto.

Um gemido fê-los despertar. Aurélio começava a dar sinal que a qualquer momento acordaria. Olhar para ele dava dó! Semblante marmorizado, com fendas que indicavam a dor sofrida.

Amaralina colocou a mão em sua testa e orou. Pediu a Deus misericórdia para aquele pecador. Rebeca pegou-a pelo braço e afastou-a, pois poderia ser perigoso.

— Não pode ficar assim tão perto dele! Já pensou se ele desperta furioso?

— Se o cercarmos de oração, montaremos uma barreira contra o mal.

— É ingênua, minha menina... Tem o coração de ouro e pensa que este mundo se transformará em bondade. Ele é um ser sem sentimentos nobres, e assim continuará até o fim de seus malfadados dias.

— Não diga isso. Por favor, não fale assim. Sei que lhe fez ele muito mal, mas não seremos nós os seus juízes. Se ele tem uma enorme dívida por conta de seus desatinos, isso lhe será cobrado. Confie em Deus! Entregue a ele suas amarguras e livre-se do desejo de vingança, ou ficará igual a ele — falou Amaralina, apontando para quem agora ressonava mais tranqüilo.

— Se nada podemos fazer aqui, já que ele permanece desacordado, vamos ver se conseguimos falar com o tal homem que poderá livrar Adolfo daquela cela onde deveria estar Aurélio.

Amaralina olhou-o penalizada. Sabia que ele já tinha sofrido muito, mas não sabia o quanto.

Nesse meio tempo, um empregado veio avisar que pessoas importantes estavam ao portão e perguntavam pelo dono da casa. Rebeca prontamente foi averiguar do que se tratava. Seu pai era um mercador importante e tinha bons relacionamentos.

Assim que se encaminhou ao portão, viu que não era quem pensava. Um austero homem, ricamente trajado, cercado como se fizessem uma barreira em torno dele, interpelou-a:

— Senhorinha, com quem tenho a honra de falar?

— Rebeca, filha de Demétrio.

— Posso falar com seu pai?

— Sinto muito, senhor. Ele está acamado, muito debilitado, sem forças até para falar. Se voltar daqui a alguns dias, tenho certeza de que o encontrarás em plena forma física e mental!

— Mental? Dize-o perturbado?

— Senhor, vários acontecimentos fizeram com que meu amado pai tivesse ficado alheio ao que se passa ao redor. Ele dorme profundamente. Tenho certeza de que será um sono reparador.

— Recebi um recado, que o rapaz que trabalha na minha casa,cuidando de meus vastos jardins encontra-se na prisão. Disseram também que na sua casa eu acharia a resposta para tão delicada situação. Será que você pode abrir o portão para que possamos conversar?

Rapidamente, Rebeca pediu a um empregado que abrisse os portões da casa para tão ilustre figura.

Agostinho, sentadinho em um canto, ouvia com atenção tudo que diziam e cada vez mais tinha certeza de que não entraria mais lá.

CAPÍTULO

XXVI

FIM DAS MALDADES

Depois de se posicionarem pela casa em pontos, diziam eles, estratégicos, um empregado o conduziu até a sala, onde Rebeca já o esperava. O relato foi feito, minuciosamente.

Amaralina, aos prantos, falava da injustiça sofrida por seu pai e agora também por seu querido irmão.

Julian, um pouco afastado, não pôde deixar de fazer a pergunta:

— Senhor, como soube tão rápido do que estava ocorrendo nesta casa?

— Sem se identificar, um homem falou ao meu empregado sobre a situação de Adolfo. Deu a casa de Demétrio como ponto de partida para se fazer o esclarecimento, inocentando-o!

— Quem pode ser? Um empregado desta casa, talvez?

— Não importa quem foi, o importante é que estou aqui e vamos aos fatos: então esse homem também tentou envenenar seu pai?

Rebeca confirmou com a cabeça.

— Quis assustar meu empregado com o cutelo e acabou sendo vítima de sua própria fúria?

Rebeca, agora acompanhada pelos outros, assentia com a cabeça.

— Bem... Dizem que no momento ele está desacordado, mas gostaria de vê-lo. Tenho de me certificar, apesar de não duvidar do que falam.

Julian adiantou-se e conduziu com reverência quem ele só conhecia de longe, mas a quem nunca teve a graça de falar. Sabia que era uma pessoa justa com os inocentes, mas com os que deviam à Justiça, era implacável.

Ao adentrar no quarto, deram com a cena. Um homem, de joelhos aos pés da cama, orava fervorosamente.

— Amigo dele ou parente?

— Não, senhor! É mais uma vítima da crueldade desse homem! Perdeu a família em um incêndio e, por acaso, acompanhando Amaralina, reconheceu o aniquilador!

Aurélio, ou Macedônio, tinha virado o rosto e a coberta, quase cobrindo-se todo.

— Por favor, coloque-o de um jeito que eu possa vê-lo bem.

Julian pegou o rosto do homem com dificuldade — pois parecia que, ao tocar-lhe, tocava a própria maldade — e fez com que ficasse bem claro.

— Não, não é possível! Conheço este homem! É o ser miserável, sem entranhas, que roubou meu filho! Vasculhei cada canto desta terra, e não o sabia tão perto! Está um pouco mudado, mas o reconheceria entre milhares. Rapaz, vá chamar a guarda! Eu o quero sob vigilância até que possa ir para prisão, que é o lugar certo para quem não consegue viver sem praticar o mal. Ficarei aqui em vigília... Quero saber o que foi feito do meu menino.

O homem não derramou uma lágrima! Seu semblante era de fúria e dor.

Julian foi fazer o que fora pedido e aproveitou para contar ao menino o que se passava. Rebeca era a mais assustada.

— Nós o tivemos por tanto tempo nesta casa sem saber o perigo que corríamos! Vou até o quarto de meu pai. Temo que o veneno ingerido por ele seja mais poderoso do que Adolfo pensava.

— Não, filha. Não precisa sair, pois aqui estou.

— Pai!

Rebeca correu ao encontro daquela frágil figura. Ajudou-o a se sentar, envolvendo-o em carinho.

— Filha, escutei o que o moço falava. Então tínhamos em alta conta um degenerado, um facínora?

Rebeca, ainda acariciando-o, tentava amenizar o momento.

— Não se martirize mais por isso. Ele pagará por seus feitos, e vamos dar graças pelo seu restabelecimento.

— Tenho de agradecer àquele rapaz a quem não dei ouvidos. Chame-o; tenho de lhe agradecer por ter salvado esta vida insignificante.

— Ele está preso, pai. Foi injustamente acusado. Lembra-se do que aconteceu no quarto com Aurélio?

— Sim, estava desperto em meu quarto e revi toda cena. Foi macabro! O infeliz decepou o próprio pé.

Amaralina, impetuosamente, jogou-se aos pés de Demétrio, num choro convulsivo. Não era de tristeza, mas de alívio por saber que a palavra daquele homem seria a chave de soltura de seu irmão!

Enquanto falavam, a casa foi invadida pela guarda e pelos seguranças do ilustre visitante.

— Filha, o que acontece?

— Lembra-se daquela majestosa casa, onde dizia o senhor que morava a tristeza? Era disso que Julian falava. Aurélio roubou o filho do homem que lá mora.

Julian corrigiu-a:

— Aurélio, não. Macedônio!

— Quem é Macedônio?

— O verdadeiro nome de quem nos serve nesta casa, em quem o senhor depositou toda confiança.

O homem cobriu o rosto com as mãos e cambaleou. Aquilo tudo parecia um pesadelo sem fim.

— Pai, agora o senhor tem que tomar as rédeas desta casa. Não pode fraquejar!

— Perdoe, filha. Causei tanto sofrimento, como pude ser tão cego?

— Você não poderia saber. Delegava a ele a função que achava merecedor. Não se culpe, agora é hora da bondade vencer o mal. Vamos até o quarto dele. Deus Todo-Poderoso lhe dará forças pra isso.

— Deus? Filha, você fala como aquele rapaz.

— Vamos, pai! Depois conversaremos sobre isso, ou melhor: Adolfo nos falará sobre isso.

Rebeca, que há pouco tempo era tomada como uma menina, uma princesinha que teria de viver numa redoma, floresceu.

Conduziu o pai com passos firmes e apresentou-o como dono da casa.

CAPÍTULO

XXVII

A HISTÓRIA SE EXPLICA

Em algum lugar, desprendido do corpo físico pelo sono, Macedônio era envolvido na espiritualidade por mentores amigos, enquanto espíritos obsessores o atacavam...

— Quem são vocês? O que querem de mim? Não vêem meu sofrimento? Onde estou? Morri?

— Não, você ainda tem uma longa missão a cumprir.

— Então o que querem comigo? Estou mutilado! Podem me ajudar?

— Está mutilado no corpo e na alma. Tem compreensão disso?

— De quem fez isso? Claro! Foi aquele ser funesto, que engana a todos com doces palavras.

Enquanto ele falava, figuras escuras o rodeavam, instigando-o, e, ao mesmo tempo, sugando-lhe a energia.

— Macedônio, você causou muito mal aos seus semelhantes. Matou, raptou, feriu com seu ódio e ainda tentou usurpar o lugar de quem lhe estendeu a mão. Seu caminho é obscuro... Tem de se redimir perante Deus e os homens para que possa começar a caminhar em direção à luz divina do Pai Celeste.

— Como sabe o meu nome? Quem lhe fez o relato de minha maldita vida? Esqueceram de falar da minha infância. Da fome saciada com restos de comida que jogavam aos bichos! Do frio! Da mão forte de quem dizia ser meu pai a castigar-me e também à minha pobre mãe sem razão alguma! Também contaram isso?

— Isso e mais. Quis ser o carrasco, e esses que o cercam agora querem vingança.

— Está louco? Quero sair daqui.

— Macedônio, a maldade que imperava em seu ser não o deixou ter uma vida plena, confortável, com amigos e uma boa família. Tudo o que conseguiu foram inimigos nos dois planos. Retrate-se, aprenda a orar e a pedir perdão pelos seus atos.

PLANTANDO O AMOR

— Não sei orar! E de que me serviria isso?

— Teriam lhe dado alento, uma força para um viver mais pleno.

— Agora é tarde...

— Não. Sempre há e haverá uma possibilidade de recomeço. É a lei divina. Vamos, repita comigo estas palavras santas e começará a se sentir melhor, pois os espíritos que feriu sentirão conforto na oração e se afastarão.

Macedônio, como se estivesse muito cansado por muito ter caminhado, repetiu o que seria a chave para salvação de sua alma.

Depois começou a sentir-se leve e abriu os olhos, reconhecendo o quarto que habitava na casa de Demétrio.

— Que sonho louco!

Uma voz grave fê-lo despertar de vez.

— Se estava a sonhar, acordou para um pesadelo!

Macedônio percorreu com os olhos as figuras que o cercavam e, apesar de anos passados, reconheceu-as.

— Como você chegou até aqui? Não é possível! Devo ter morrido mesmo; me encontro entre fantasmas.

— Então, lembra-se de mim? Maldito seja por ter levado meu filho dos braços de sua mãe! Que fim deu nele?

Macedônio sabia bem do que se tratava, mas insistiu em negar a ação.

— Como pode ser tão severo com um homem mutilado? Não tem misericórdia? Não sei de que criança você está falando.

Macedônio ia continuar quando pareceu escutar uma voz a repetir, inspirando-o mentalmente:

— Comece a caminhar. É a lei de Deus, a lei dos homens de Deus.

— Sim, levei o menino. Estava cheio de ódio pela pena por você aplicada. Tinha dinheiro e consegui subornar os guardas para que, na calada da noite, esgueirando-me pelas paredes, pudesse fugir do destino fatídico. Entrei na sua casa sorrateiramente; sua mulher dormia abraçada ao filho. Foi fácil tirá-lo de seus braços. Ela dormia profundamente.

O homem interrompeu-o, agora com a voz embargada.

— E assim continuou até o fim de seus dias, depois de saber da desgraça que se abateu sobre nossa casa. Não conseguiu suportar tanta dor! Onde está meu filho?

— Criei-o como se fosse meu, mas o ingrato fugiu, deixando-me desesperado. Consegui seguir seu rastro, sabia-o nessas redondezas. No entanto, quando ia apanhá-lo, a mão, escapava-me como uma lebre!

— Quer dizer que meu menino anda sozinho pelo mundo?

— Disso eu não tive culpa. Foi escolha dele!

O homem estava ficando desesperado. Procurou Macedônio pelos quatro cantos do mundo, pois achá-lo seria encontrar seu filho. Mas agora ele estava perdido para sempre!

Rebeca e Amaralina enxugavam as lágrimas ao escutarem o relato triste e impressionante.

— Agostinho, esse é o nome que lhe dei. Tem poder, será fácil achá-lo!

— Agostinho? — falaram as duas em uníssono.

— Que idade tem? — perguntou Amaralina.

— Doze anos — respondeu Macedônio. — Sempre lhe disse que tinha mais. Não queria que vivesse com datas certas.

— Por que pergunta? Sabe dele, por acaso? — perguntou o verdadeiro pai.

Amaralina embaraçou-se ao responder. Não queria dar esperanças para aquele homem, mas seu coração dizia que seu filho estava bem ali, sentado no portão a esperá-lo.

— Só estava querendo ajudar. Conhecendo bem os fatos, fica mais fácil. Mas, com a licença do senhor, tenho de ir ter com alguém que está à minha espera.

Amaralina apressou os passos, quase correndo. Chegou ao portão esbaforida, com o coração querendo saltar-lhe do peito.

— Agostinho!

— Amaralina! Conseguiu? Vamos soltar Adolfo? Ele confessou?

Amaralina abraçou o menino, tendo quase certeza de que ele era o filho perdido.

—Aconteceu mais alguma coisa?

— Sim, vamos entrar. Quero que veja alguém. Quem sabe já não o conhece?

— Já falei que aí não entro mais!

— Por que tem medo?

— Vamos embora!

— Não, Agostinho, estamos perto de uma grande luz. Não é o momento pra nos afastarmos.

— Luz?

— Você conhece o Aurélio?

O menino começou a tremer, como se tivesse tendo uma convulsão.

— Agostinho, não tema. Estou aqui para protegê-lo.

— Não! Eu prometi à sua mãe que a protegeria, não o contrário.

— Está bem. Se quer me proteger, se assim prometeu, deves me acompanhar. No momento, preciso da sua ajuda.

O menino olhou-a desconcertado e, mesmo trêmulo por não querer encontrar seu passado, acompanhou-a, sendo conduzido pela mão.

Chegando à porta do temido aposento, onde estaria seu algoz, o menino emperrou, e, por mais que Amaralina o puxasse, ele teimava em não sair do lugar.

— O que passa? Quem é este menino?

O juiz usou a fala e Macedônio os olhos, se perguntando como ele foi aparecer ali.

— Venha, não tenha medo. Ninguém lhe fará mal — disse Amaralina.

Agostinho achegou-se a ela como se fosse um escudo.

Macedônio, com a voz rouca, fez a pergunta esperada:

— Onde o encontrou?

Amaralina não respondeu. Era uma história longa, que ficaria para depois. No momento, o importante era se certificar de que Agostinho era o menino de quem eles falavam.

— Reconhece-o? — inquiriu Amaralina.

— Não, não! Pensei ser alguém que havia muito procurava — respondeu o hipócrita criminoso.

Naquele momento estava presente quem muito sabia. A reação de Macedônio foi indisfarçável!

— Menino, como se chama?

Agostinho olhava-o sem entender o que aquele homem poderia querer com ele. Fugira de casa há muito tempo, então ele não tinha participação nas picaretagens de quem dizia ser seu pai.

Amaralina abraçou o assustado menino, querendo lhe dar certeza de que estava protegido.

— Responda sem temor. Lembra da luz que lhe falei?

— Chamo-me Agostinho, mas ele não é meu pai! Ouvi quando tentava me vender a um mercador de escravos... Disse que eu tinha sido comprado antes de abrir os olhos. Falava que me tinha grande apreço, mas estava envolvido com pessoas perigosas, a quem devia muito dinheiro. Não quis escutar mais nada! Fugi, e dele não soube mais, até encontrar vocês. Não vou ficar com ele! Amaralina, você disse que me protegeria!

— Eu o protegerei, se assim o desejar.

O juiz, antes tão imponente, agora estava de joelhos como em um oásis saciando sua sede diante dos fatos reveladores do momento. Chegou-se mais perto do menino e disse comovido:

—Sabe, levaram meu filhinho dos braços da mãe ainda pequeno, a sugar o seu leite... Vivi todos esses anos a procurá-lo. Sonho com ele todos os dias. Durmo pensando estar com ele em meus braços. Nunca mais olhei as estrelas. A lua prateada que sua mãe tanto admirava, eu não quis mais vê-la! Só os jardins — eles sim! — permanecem como no dia em que ela nos deixou.

— Minha mãe? O senhor falou minha mãe?

— Seu nome não é Agostinho?

O menino balançou a cabeça afirmativamente.

— É o filho que Macedônio tirou dos braços de minha saudosa esposa!

O homem abraçou o menino e levou-o ao colo, como se ainda fosse bem pequenino. Mais uma vez abriu-se a caixinha tão preciosa, que continha as lágrimas de Amaralina.

Agostinho, aninhado nos braços do pai, sabia que nada mais teria de temer. Não precisava mais se esconder como um rato.

— Então, você é meu pai verdadeiro?

— Sim! Nem preciso da confirmação de Macedônio...

— O nome dele é Aurélio!

— Não, assim fez se chamar para esconder seu terrível passado.

PLANTANDO O AMOR

— Se o senhor é meu pai, posso lhe fazer um pedido?

— Todos que desejar! Se quiser a Lua, tão apreciada por sua mãe, irei até o infinito buscá-la. Se quiser estrelas para enfeitar seus dias, as colocarei uma a uma em suas mãos.

— Não, Só quero que solte meu amigo Adolfo. Sua mãe o espera aflita; e já é noite!

— Imediatamente, seu pedido é uma ordem!

— Mocinha, chame a guarda. Quero Macedônio em permanente vigilância!

— Pai, o nome dela é Amaralina. Deu-me alimento e abrigo em sua casa.

— Perdoe este velho tolo! Sim, Amaralina, nome de princesa.

Rebeca e o pai assistiam num canto do aposento ao que se passava e estavam boquiabertos com o desenrolar rápido do caso.

Macedônio, de olhos fechados, sentia-se o mais miserável dos seres. Ali, deitado naquela cama, cercado por pessoas que passaram por sua vida e que poderiam ali estar por amizade, mas que odiavam-no.

— Macedônio, ficará aqui até que possa andar. Tomará o lugar de Adolfo, e a lei se cumprirá. O julgamento final não nos cabe... esse será num tribunal onde os homens desta terra não julgam. Ali, sim, receberá o que de fato lhe cabe! Vamos, filho! Temos uma missão a cumprir. Como você falou, tem uma mãe ansiosa para ter o filho nos braços, como tenho agora a bênção de tê-lo.

Agostinho sentiu-se no paraíso! Enlaçou mais forte o ombro do pai e deitou a cabeça ali. Daquele sonho não queria mais despertar.

CAPÍTULO

XXVIII

Felicidade

Foram, em caravana, todos em busca de Adolfo. Logo estavam diante da simples, mas acolhedora, moradia.

Escutando o vozerio, com o coração querendo saltar-lhe à boca, a boa mãe chegou à janela, pensando ver quem antes apedrejara a casa.

Sua silhueta na janela parecia a de uma santa. A madeira que compunha a pequena janela fez parecer um lindo quadro emoldurado.

Foi só por um instante. Logo estava com os filhos nos braços e indagava-se quem seria aquele que lhes vinha em companhia.

Agostinho, enlaçado em sua cintura, demonstrava o apego que lhe tinha. Antes que Adolfo e Amaralina fizessem as apresentações, o menino se adiantou:

— Este é o meu pai! — falou com um sorriso estampado no rosto, fazendo o mesmo o seu genitor, por estar assim sendo chamado depois de tantos anos de espera.

— Seu pai, Agostinho? Não falou que não tinha família?

— Tinha, mas não sabia! Eu fui raptado por Aurélio e assim...— continuou ele sem tomar fôlego.

Adolfo teve de interrompê-lo. A casa era pequena, mas daria para todos entrarem, e, assim, poderem unir as histórias.

Julian e Amaralina sentaram-se no banquinho cercado de flores, e o rapaz apreciava o esmero com que era cuidado.

Pedindo licença, retirou com cuidado uma rosa e a entregou à menina.

— Aceita minha côorte?

— E Rebeca?

— É uma boa amiga... Percebi isso quando conheci você! É a flor mais linda que Deus colocou no mundo!

— Conversou muito com Adolfo, não foi? Está a falar como ele!

— É uma crítica?

— Claro que não! É uma bênção de Deus!

Apesar de todo alvoroço, todos falando ao mesmo tempo, dois seres pareciam alheios a tudo aquilo.

Ao contrário de Julian, Adolfo não se atrevera a se declarar. Rebeca estava muito distante... o pai, ao seu lado, dava ao rapaz a certeza das dificuldades que enfrentaria. Viviam em mundos diferentes. Ele era apenas o jardineiro de uma rica mansão onde habitava uma linda princesa, aquela que roubou seu coração.

Demétrio pigarreou, pedindo a atenção de todos:

— Ao caminhar até esta casa, revi o caminho de minha estada neste mundo. Juntei fortuna sem ganhar um vintém que não fosse honesto, mas, em compensação, roubei de minha filha a liberdade e de meus fiéis empregados o orgulho de bem servir, por nunca achá-los confiáveis! No alto de minha ambição, não via a quem entregava as rédeas de minha casa, do meu trabalho, da minha vida! O maior culpado das atrocidades cometidas em minha casa fui eu! Já era doente sem sabê-lo; doente na alma. Ainda me sinto fraco no corpo, mas as palavras de Adolfo me deram paz, serenidade. Parece que minha visão se ampliou... Sinto-me energizado! Adolfo, preciso de alguém ao meu lado, para tocar meus negócios. É um rapaz honrado, trabalhador, e sei que não me decepcionará! Aceitas a minha proposta?

Os olhinhos de Rebeca brilharam! Estava ali a oportunidade de ficarem juntos pra sempre!

— Senhor, sei que o que me propôs é em parte por estar agradecido, mas, como já lhe falei: sou apenas mais um obreiro de Deus. Nada me deve, sou jardineiro, como foi meu pai. Amo a natureza! Gosto de lidar com a terra... de ver brotar o solo, a magnitude que é a obra de Deus!

— Poderá ver tudo isso! Ensinará quem for cuidar do jardim. Ele continuará como era antes, de sua inteira responsabilidade. Ou não confia em ninguém para esse trabalho?

Adolfo olhou para o canto da pequena sala e encontrou a resposta. Precisava repetir os ensinamentos de seu pai.

— Sim, tenho quem cuide do seu jardim, mas tenho dois outros sob minha responsabilidade e não posso decepcioná-los.

— Com licença, não quero ser inoportuno, mas acredito que uma dessas casas a que Adolfo se refere é onde moro. Sua permanência na minha casa era de poucas horas, mas muito aprendi. Desde o cultivo, até repartir o pão. Sua estada em minha casa foi uma bênção! Minha amada mãezinha, que tem nas mãos os olhos, todas as manhãs revigora-se ao caminhar entre flores tão viçosas, de perfumes variados! Já cedo, suas mãos tocam o orvalho e seu rosto se ilumina. Vou começar a trabalhar com meu pai, pois penso que logo terei família formada. Mas, com certeza, dos jardins de minha casa eu mesmo cuidarei! Queria, neste momento, pedir a permissão de cultivar também a mais bela rosa que meus olhos tocaram!

O olhar de Julian e as maçãs rosadas do rosto de Amaralina deram a explicação final.

Adolfo abraçou o rapaz, comovido, pois ali estava a certeza de que Amaralina seria muito amada.

No além...

— Estou muito comovido! Minha menina desabrochou...

— No corpo e na alma! Deixou na terra boas sementes. Vamos orar, agradecendo essa dádiva...

De volta ao plano terreno...

Na casa de Adolfo, o impasse continuava: Agostinho, que de toda conversa não perdia um só detalhe, agora se integrava aos assuntos

— Pai, se moras mesmo na tal casa de imensos jardins, quem cuidará dele agora, já que Adolfo trabalhará com o Sr. Demétrio?

— Teremos de procurar alguém!

Agostinho estufou o peito, passou as mãos pelo cabelo — gesto próprio de Adolfo — e falou alto, tentando dar imponência à sua voz:

— O senhor já olhou o jardim lá fora? Obra minha e do Sr. Joseph! Adolfo nos ensinou a arte do plantio, como ele diz! Então, porque não contrata o Sr. Joseph para esse trabalho em sua casa, e eu fico como ajudante?

— Ótima sugestão a sua quanto a esse senhor! Você poderá ajudá-lo nas horas de folga... Em casa, tenho pilhas e pilhas de livros para você devorar.

Agostinho arregalou os olhos, assustado.

— Em sua casa se alimentam de livros? Senhor... sabe... gostei muito de conhecê-lo, mas... sentirei falta dos meus amigos que fiz nessa casa. Não poderia ficar longe deles!

A gargalhada foi geral.

A voz imponente de antes agora eram gracejos. O pai abraçou-o, dando-lhe a devida explicação:

— Agostinho... o que quis dizer é que doravante terá muito o que aprender com os livros.

— Como farei, se não conheço as letras? É melhor mesmo continuar a cuidar dos jardins.

— Isso não impedirá que aprenda o que será necessário para uma boa formação. Se é de seus amigos a impossibilidade de vir, não para minha casa, mas para a sua... Por que não os convida para morar lá? Temos uma morada vazia que daria para abrigá-los com um pouco mais de conforto do que essa que habitam.

A mãe de Adolfo estava comovida com tanto zêelo por parte do novo amigo. Levantando a mão, pedindo a palavra, falou com serenidade:

— Num só dia, o céu se cobriu de nuvens, veio a tempestade e o sol rasgou as nuvens aquecendo nossas vidas! Agradecemos ao Eterno por isso! Agradeço ao senhor por querer nos dar hospitalidade em sua casa. Não me queira mal por negar tão bondosa oferta, mas esta casa está, como o senhor pode ver, na beira da estrada. Toda tarde, sento-me em meu velho banquinho e espero por alguém, que disse que logo viria ao nosso encontro. Muito tempo já passou, mas continuarei a esperá-lo, pois tenho fé que de toda maneira irei encontrá-lo: ele vindo, ou eu indo ao seu encontro.

O silêncio se fez presente...

Aquela mulher, pela simplicidade em que vivia, era uma alma abençoada. Caridade pura. Pregou para os filhos a fé inabalável, o amor filial e fraterno. Não se abalou diante das dificuldades, se apoiou na fé e na certeza de dias melhores.

Sua espera não foi angustiante. Criara seus filhos com serenidade e amor ao próximo. Sua casa sempre estava aberta aos desvalidos. Aquela humilde moradia foi para Agostinho e Joseph um novo ponto de partida! Assim Deus quis, assim a justiça divina se fez presente!

Depois daquela noite, de muitos encontros, passaram-se vários invernos.

Numa linda tarde, em que a primavera coloria a terra com as mais variadas cores e tipos de flores, uma velha senhora admirava o imenso arco-íris que compunha a beleza do lugar.

Sentada em seu tosco banquinho, apertou as vistas, querendo visualizar melhor quem vinha chegando. Aquele andar... Parecia uma figura bem conhecida.

Seu coração bombeou mais forte, as batidas aceleraram.

— Você? Deus, minha espera não foi infrutífera...

Em passadas trôpegas, a mulher foi ao seu encontro, já temendo ser uma visão. Quando pôde visualizar melhor, deu um suspiro de decepção:

— Desculpe, senhor! Pensei ser alguém por mim tanto tempo esperado. Continue seu caminho e tenha um dia de paz...

— Antonieta, não me reconhece?

— Leopoldo!

— Sim, sua espera chegou ao fim... Vim lhe buscar.

— Buscar? Não ficará conosco? Nossos filhos se alegrarão com sua volta! Precisa conhecer os nossos netinhos, são encantadores!

— Sim, a menina parece uma flor de rara beleza; e o menino, tem a robustez de uma frondosa árvore.

— Conhece-os? Leopoldo, você está tão diferente... Não envelheceu. Onde esteve por tanto tempo? Está tão bem disposto, o sofrimento não o abateu.

— Quando ficar bem, dar-lhe-ei a explicação de que é merecedora...

— Estou bem! Como aguardei este momento! Mas, venha! Se achegue e conhecerá a sua casa.

— A morada onde meu espírito repousa é na casa do Pai.

— Pai? Sei que sofreu muito. Sua cabeça está perturbada, deve ser o reflexo do que passou.

— Antonieta, não passamos na Terra nada que não mereçamos. Eu, antes dessa encarnação, persegui os que se diziam cristãos... Estava errado, mas não tinha consciência disso. Depois que fiz a passagem é que fui entender. Peço que tenha um pouco mais de paciência que logo entenderá, o que aconteceu com este seu amigo...

— Amigo?!

— Eterno amigo.

— Fez a passagem? Então o que vejo não é real?

— É tão real quanto o arco-íris que estava a observar agora pouco.

— Deus! Devo estar tendo uma alucinação!

A boa mulher fechou os olhos e, ao abri-los de novo, comprovou a realidade do momento.

— Vejo que meus olhos não me enganam. Mas, se não quer ficar, é porque algo muito maior do que o amor aos seus filhos o afasta daqui! Se é feliz assim, então vá...

— Antonieta, você cumpriu bem a sua missão. Seus filhos estão bem encaminhados, você deu teto aos necessitados e nunca lamentou o caminho percorrido. Agora, retornará para de onde partiu; serei seu guia e, como já falei, seu amigo. A mão firme para que não se sinta sozinha...

— Como posso deixar quem tanto amo?

— Não os deixará de todo. Ficará em contato permanente, mandando-lhes energias positivas para que continuem o caminho do bem que lhes foi ensinado.

— Irei com você, mas espere um pouco... Joseph logo chegará da labuta e tenho um bom prato de sopa para lhe servir. Ele já sofreu tanto... Tenho de lhe explicar a minha ausência.

— Joseph entenderá a sua partida. Você, mais do que o estômago, alimentou o espírito dele. As sementes postas por ele na terra são do fruto que alimentou sua alma de fé! Você, Adolfo e Amaralina são os provedores de Deus Pai! Vamos, minha amiga... Caminhará por jardins floridos de beleza inigualável. Contemplarás, em toda plenitude, a obra do Criador.

A mão estendida de Leopoldo esperava que a de quem estava partindo a tocasse para levá-la a um mundo mais ameno, onde continuaria sua trajetória.

— Sua missão prosseguirá agora em outro plano, mas com a mesma finalidade: amparar os que se acham perdidos!

Uma brisa suave tocou a tez de Antonieta e ela se deixou levar. Foi como um leve adormecer... Um bailado de música suave, um flutuar, mesmo estando sentada em um banco tosco.

Joseph a encontrou serena, sorriso nos lábios, cercada de flores que, até a noite anterior, não tinham desabrochado!

Sua boa amiga partira. Sentiria falta de quem o ouvia com complacência; conseguia dela a força para que continuasse sem blasfêmia, sem se sentir desamparado, a caminhar de cabeça erguida e entregar à justiça de Deus os feitos de Macedônio.

A saudade afastou as velhas cortinas e penetrou naquela modesta, mas feliz morada.

Adolfo tinha plena certeza de com quem sua mãe estaria. Como Joseph, muitos outros chegaram. A pequena moradia serviu de teto a muitos necessitados. Amaralina e Rebeca eram incansáveis!

Proviam todos os dias com uma boa sopa a mesa onde antes se reuniam com a família.

Adolfo e Joseph os ensinavam o plantio e semeavam no coração de cada um a semente da esperança!

O jovem não tinha mais medo de pregar. Suas palavras iam longe, como se fossem levadas pelo vento; e, alguns anos mais tarde, mais do que os necessitados, muitos se reuniam para lhe escutar e seguir seus ensinamentos.

Ninguém ousava interceder contra. Ele era um comerciante respeitado e amigo de um magistrado.

A pequena morada onde viveu sua família foi ampliada para abrigar mais necessitados, mas o banquinho tosco, cercado de flores permaneceu intocado.

Às vezes, à tardinha, Adolfo lá se sentava para meditar. Ali, fazia seu recolhimento até ser tocado por mãozinhas pequenas, que enlaçavam seu pescoço e pediam abrigo em seu colo.

Olhava o infinito e sentia-se reconfortado, como se as duas pessoas por ele muito amadas estivessem ali com ele, a contemplar a magnitude da obra de Deus.

Palavras do autor espiritual

Plantando o amor foi o título dado a esta obra por ela mostrar como procedem os obreiros de Deus. Cada sementinha plantada no coração de um necessitado germinará e fará a transformação.

A caridade não é simplesmente dar o pão. Como a semente, tem de ser regada, cultivada com amor e um lindo desabrochar se dará.

A esperança de dias melhores florescerá, a certeza de caminharmos no bem se consolidará e Deus se fará presente por sermos todos filhos do mesmo Pai.

Leopoldo foi um bom jardineiro. As sementes deixadas por ele nesta terra de meu Deus deram bons frutos. Adolfo conseguiu plantar o amor em terra árida! Amaralina levou para a casa de Julian a alegria de viver. Na época em que aconteceram esses fatos, não havia liberdade de religião. Havia perseguição e morte, principalmente para aqueles que eram acusados de "conversar com os mortos".

Mas onde há fé Deus está presente. Acreditem ou não, a fé independe de religião! A fé é maior que tudo!

Daniel

Eliana Machado Coelho
romances de Schellida

Despertar para a Vida
Márcia é uma moça bonita, inteligente e decidida. Orgulha-se de sua capacidade profissional e do êxito alcançado no trabalho em uma empresa multinacional. Independente financeiramente, ama a vida. Porém, a influência dos espíritos em nossas vidas é maior do que imaginamos. Um acidente acontece e Márcia, sem perceber, passa a ser envolvida pelo espírito Jonas, um desafeto que, por vingança, inicia um processo de obsessão contra ela.
584 páginas | 14 x 21 cm
ISBN 85-86474-85-1 | Código de Barras 9788586474859

O Direito de Ser Feliz
Fernando e Regina apaixonam-se. Ele, de família rica, bem posicionada. Ela, de classe média, jovem sensível e espírita. Mas o destino começa a pregar suas peças. Movido pela ambição material, Fernando decide ir trabalhar na França, caindo na rede sedutora de Lorena, uma prima que mora em Paris.
432 páginas | 14 x 21 cm
ISBN 85-86474-58-4 | Código de Barras 9788586474583

Sem Regras para Amar
Gilda é uma mulher rica, casada com o empresário Adalberto, mãe de Lara, Eduardo e Érika. Arrogante, prepotente e orgulhosa, ela sempre consegue o que quer graças ao poder da sua posição social. Mas a vida dá muitas voltas.
504 páginas | 14 x 21 cm | ISBN 85-86474-62-2 | Código de Barras 9788586474620

Um Motivo para Viver
Raquel nasceu em uma fazenda numa pequena cidade do Rio Grande do Sul. Morava com o pai, a mãe, três irmãos e o avô, um rude e autoritário imigrante polonês. Na fazenda vizinha, seu tio Ladislau, a mulher e duas filhas. O drama de Raquel começou aos nove anos, quando então passou a sofrer os assédios de Ladislau, um homem sem escrúpulos, mas dissimulado e gozando de boa reputação na cidade.
536 páginas | 14 x 21 cm | ISBN 85-86474-72-X | Código de Barras 9788586474729

Sônia Tozzi espírito Irmão Ivo

A Essência da Alma
Ensinamentos e mensagens de Irmão Ivo que orientam a reforma íntima do leitor e o auxiliam em seu processo de autoconhecimento.
160 páginas
Formato 11x15 cm (bolso)
ISBN 85-86474-82-7
Código de Barras 9788586474828

O Amor Enxuga as Lágrimas
Paulo e Marília, um típico casal classe média brasileiro, levam uma vida tranqüila e feliz com os três filhos, Fábio, André e Laís. Quando tudo parece caminhar em segurança, começam as provações daquela família: o garoto Fábio, após um período de internação para a cura de uma doença banal, vem a falecer de maneira quase inacreditável.
264 páginas | 14 x 21 cm
ISBN 85-86474-68-1
Código de Barras 9788586474682

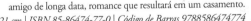

Somos Todos Aprendizes
Bernadete, uma estudante de Direito, está quase terminado seu curso. Arrogante, lógica e racional, vive em conflito com familiares e amigos de faculdade por causa de seu comportamento rígido. Apesar de seu coração duro, ela conquista o amor de Geraldo, amigo de longa data, romance que resultará em um casamento.
368 páginas | 14 x 21 cm | ISBN 85-86474-77-0 | Código de Barras 9788586474774

Renato Modesto espírito Amadeu

Muitas Vidas, um Amor
Jean Valloise era um humilde ferreiro na França de 1789. Com a eclosão da Revolução Francesa, sua casa, como outras tantas daquele povo sofrido de então, foi saqueada e incendiada. Pior! Sua esposa Marianne, grávida e frágil, acabou sendo raptada por Terence e seu bando, inescrupulosos saqueadores e aproveitadores da balbúrdia geral. Após sobreviver ao ataque, um só pensamento dominava o alquebrado Valloise: descobrir o paradeiro de Marianne e resgatá-la com vida.
312 páginas | 14 x 21 cm
ISBN 85-86474-78-9 | Código de Barras 9788586474781

Maria Nazareth Dória
obras do espírito Helena

Jóia Rara
Leitura edificante, uma página por dia. Um roteiro diário para nossas reflexões e para a conquista de uma padrão vibratório elevado, com bom ânimo e vontade de progredir. Essa é a proposta deste livro que irá encantar o leitor de todas as idades.
98 páginas | 11 x 15 cm (bolso)
ISBN 85-86474-83-5 | Código de Barras 9788586474835

Sob o Olhar de Deus
Gilberto é um maestro de renome internacional, compositor famoso e respeitado no mundo todo. Casado com Maria Luiza, é pai de Angélica e Hortência, irmãs gêmeas com personalidades totalmente distintas. Fama, dinheiro e harmonia compõem o cenário daquela bem-sucedida família. Contudo, um segredo guardado na consciência de Gilberto vem modificar a vida de todos.
192 páginas | 14 x 21 cm | ISBN 85-86474-70-7
Código de Barras 9788586474798

Amor e Ambição
Loretta era uma jovem nascida e criada na corte de um grande reino europeu entre os séculos XVII e XVIII. Determinada e romântica, desde a adolescência guardava um forte sentimento em seu coração: a paixão por seu primo Raul. Um detalhe apenas os separava: Raul era padre, convicto em sua vocação.
320 páginas | 14 x 21 cm
ISBN 85-86474-60-6 | Código de Barras 9788586474606

Um Novo Despertar
Simone é uma moça simples de uma pequena cidade interiorana. Lutadora incansável, ela trabalha em uma casa de família para sustentar a mãe e os irmãos, e sempre manteve acesa a esperança de conseguir um futuro melhor. Em meio à rotina de suas duras tarefas, ela nunca deixou de estudar até conseguir o seu diploma.
Porém, a história de cada um segue caminhos que desconhecemos.
192 páginas | 14 x 21 cm
ISBN 85-86474-66-5 | Código de Barras 9788586474668

UFO – Fenômeno de Contato
(espírito Yehoshua ben Nun)

Um livro que aborda temas intrigantes deste assunto sempre interessante como antimátéria, abduções, teletransporte, faixas dimensionais e a polêmica dos mundos habitados, entre outros.
336 páginas | 14 x 21 cm
ISBN 85-86474-75-4
Código de Barras 9788586474750

Pedro de Campos

Universo Profundo – Seres inteligentes e luzes no céu (espírito Erasto)

Nesta obra, Pedro de Campos, sob a orientação do espírito Erasto, nos oferece uma visão espírita da Ufologia, desmistificando e facilitando o entendimento deste polêmico assunto. Como você entende os enigmáticos avistamentos de naves espaciais e de seres extraterrestres? De onde você acredita que eles vêm? Eles existem mesmo? Eles estão entre nós?
240 páginas | 14 x 21 cm
ISBN 85-86474-64-9
Código de Barras 9788586474644

Colônia Capella – A outra face de Adão
(espírito Yehoshua ben Nun)

Uma extraordinária viagem no tempo até os primórdios da Humanidade que une o evolucionismo proposto por Charles Darwin a Teoria Evolucionista Espiritual, a partir das constatações feitas por Allan Kardec de que "existem seres inteligentes extrafísicos com os quais é possível comunicar-se".
384 páginas | 14 x 21 cm
ISBN 85-86474-54-1
Código de Barras 9788586474545